D1719766

Utrecht

Voor Jannie Klaassen en Henk van Doorn, mijn te vroeg gestorven ouders

For Jannie Klaassen and Henk van Doorn, my parents who passed away to soon

English translation: Queen's English, Driebergen

ISBN 905594 036 4

Utrecht

tekst
Stijn Verbeeck en Piet 't Hart

fotografie
Herman H. van Doorn

SCRIPTUM TOPOGRAFIE

INTRODUCTION

Cicero once said: 'Patriae solum omnibus carum est', which Vondel, the Dutch poet and playwright interpreted as: 'Love of country is innate in all of us'. Anyone who loves Utrecht, even if not born and bred here, will leaf happily through this book, and return to it and read it again.

Above all, *Utrecht* is a book for browsing. It shows the city from a different perspective. Some of the photographs have been taken from places not normally accessible to the public and these give the book a very special dimension.

It is full of images of places in our city which are not only worth looking at but also worth preserving. And because this book can contribute to this caring attitude, I am pleased to recommend it to you wholeheartedly.

I.W. Opstelten, LL.M.
Mayor of Utrecht

VOORWOORD

Cicero heeft eens gezegd: 'Patriae solum omnibus carum est', wat door Vondel is vertaald met de woorden: 'De liefde tot zijn land is ieder aangeboren'. Wie van Utrecht houdt, ook al is hij er niet geboren en getogen, zal dit boek met genoegen doorbladeren, opnieuw bekijken en gaan lezen.

Utrecht is op de eerste plaats een doorbladerboek. Het geeft een beeld van Utrecht vanuit een andere hoek dan wij gewend zijn. Er staan zelfs foto's in genomen vanaf plaatsen waar niet iedereen kan komen. Dat geeft het boek een hele aparte dimensie. Het staat boordevol met afbeeldingen van plekken in onze stad die niet alleen het bekijken, maar ook het zorgzaam bewaren meer dan waard zijn. Omdat het boek een bijdrage aan die zorgzaamheid kan leveren, wil ik het bijzonder graag bij U aanbevelen.

Mr I.W. Opstelten
burgemeester van Utrecht

■ The second half of the last century saw a fast growth in Utrecht's population, and land prices in the inner city rose accordingly. Many houses at the time were built outside the city walls, often in monotonously-styled neighbourhoods. One of these is Lombok, which was once the home ground of military and railway personnel. Modern hotels stand on guard along the outer edge.

■ In de tweede helft van de vorige eeuw groeide de bevolking van Utrecht snel en stegen de grondprijzen in de binnenstad. Er werden toen veel woningen buiten de stadsmuren gebouwd, vaak in eentonige wijken. Een daarvan is Lombok waar aanvankelijk veel militairen en spoorwegpersoneel woonden. Moderne hotels staan als wakers langs de rand.

◁ ■ *This picture was taken from the top of the Netherlands Railway Company's Hoofdgebouw IV; the city lies, as it were, at the foot of the headquarters of this large-scale employer.*

■ *Deze foto is genomen vanaf Hoofdgebouw IV van de Nederlandse spoorwegen. De stad ligt als het ware aan de voeten van het kantoor van deze grote werkgever.*

UTRECHT, A CITY TO LIVE IN

Utrecht lies in the middle of a fascinating and varied landscape, like a pearl in its shell. To the west, cattle graze in the fields in the polders around Woerden and Montfoort. To the north of the city is a broad expanse of water near Vinkeveen and Loosdrecht, offering all kinds of recreational opportunities. A wooded range of low hills to the east commands panoramic views of yet another kind, and the rivers are in the south.

For centuries, travellers on their way to Utrecht, the 'Domstad' (cathedral city), have seen the towers of the cathedral and the other churches and monasteries, rising above the grim city walls, as permanent reminders of how fleeting our lives are. Witnesses too to the power the clergy have had in this city, certainly during the Middle Ages. In its race towards the 21st century, the city skyline has changed dramatically; now it is the office 'cathedrals' which announce to the traveller from afar that the people of Utrecht have also turned their thoughts to more earthly things.

At the foot of these modern-day Towers of Babel, Utrecht's archaeologists rummage around in search of the remains of our ancestors from some far-distant past. Were there people living here even before the Roman General Corbulo built a fortressed garrison in the year 47, at what is now the site of the Domplein? This fort, which the Romans had built along the northern borders of their empire, was part of a defence line against Teutonic raids. It lay in the middle of a marshy area close to a 'trajectum', a place where the marsh could be forded.

The Romans retreated in the course of time, and were followed by other invading peoples. Trajectum was destroyed and rebuilt to the extent that it could finally develop into the city of Utrecht, as we know it.

In the earliest period, the Domplein was the centre of the city; it was the site of churches and the homes of the clergy, within a protecting earthen wall. But traders, farmers, craftsmen, military men and less-trustworthy folk, settled in the neighbourhood, outside the wall, finding protection on the inside in times of danger. They were also able to profit from the spending power of the church's ministers with their personnel and guests. A prosperous trading settlement was established in the area that is now the Buurkerk, where traders maintained contacts with the whole of Europe.

Utrecht was granted city rights in circa 1122, at which point it began to distinguish itself from the countryside around it, the citizens themselves

UTRECHT, STAD OM TE WONEN

Middenin een boeiend en sterk gevarieerd landschap ligt de stad Utrecht, als een parel in zijn schelp. Aan de westkant graast vee op de weilanden in de polders rond Woerden en Montfoort. Ten noorden van de stad ligt het plassengebied bij Vinkeveen en Loosdrecht dat tallozen recreatie biedt. Aan de oostzijde biedt de bosrijke heuvelrug weer andere vergezichten. Ten zuiden van de stad ligt het gebied van de rivieren.

Eeuwenlang zag de reiziger op zijn tocht naar de Domstad van verre de torens avan de Dom en de andere kerken en kloosters boven de grimmige stadsmuur uitsteken, als permanente herinneringen aan de vluchtigheid van het leven. Als evenzovele bewijzen ook van de macht die geestelijken in de stad hebben gehad, zeker in de Middeleeuwen. In haar vaart naar de eenentwintigste eeuw heeft de stad haar skyline grondig veranderd. Nu roepen kantoorkathedralen de reiziger al van verre toe dat ook in Utrecht de aandacht van de mensen vooral op het aardse is gericht.

Aan de voet van deze moderne torens van Babel doorwroeten archeologen de Utrechtse bodem op zoek naar sporen van voorouders uit een ver verleden. Woonden er al mensen voordat de Romeinse veldheer Corbulo in 47 na Christus op het tegenwoordige Domplein een versterkt legerkamp bouwde? Dat fort was onderdeel van de verdedigingslinie tegen Germaanse invallen, die de Romeinen langs de Noordgrens van hun rijk hadden aangelegd. Het lag temidden van drassig gebied bij een 'trajectum', een doorwaadbare plaats.

Op den duur verdwenen de Romeinen. Er drongen andere volkeren binnen, Trajectum werd verwoest en weer opgebouwd en kon zich gaan ontwikkelen tot Utrecht.

In die vroegste periode was het Domplein al het centrum van de stad. Daar stonden kerken en woonden geestelijken binnen een beschermende aarden wal. Maar in de buurt, buiten de wal, vestigden zich handelaren, boeren, ambachtslieden, militairen en minder betrouwbaar volk. Zij vonden in tijden van gevaar bescherming binnen de muur. En zij konden profiteren van de koopkracht van de dienaren van de kerk met hun personeel en gasten. In de buurt van de tegenwoordige Buurkerk ontstond een welvarende handelsnederzetting waar kooplieden contacten onderhielden met heel Europa.

Omstreeks 1122 kreeg Utrecht stadsrechten waardoor het zich duidelijker dan tevoren van het omringende platteland ging onderscheiden. De burgers onderstreepten dat door een gracht rondom de stad te graven.

■ *In 1467, Evert Zoudenbalch – a member of one of Utrecht's leading families – built this house in the Donkerstraat and called it 'Huis Zoudenbalch'. It has had many occupants through the centuries, during which time it has been, among other things, a Roman Catholic 'clandestine' church, an orphanage and a technical school.*

■ *In 1467 liet Evert Zoudenbalch – lid van een voorname Utrechtse familie – aan de Donkerstraat dit huis bouwen: het Huis Zoudenbalch. Het heeft in de loop der eeuwen veel bewoners gehad en is verder onder meer gebruikt als rooms-katholieke schuilkerk, weeshuis en ambachtsschool.*

■ *Close to the rear of the Ka-pittelhuis is a small statue of Francois Villon, the work of sculptor Marius van Beek. Villon, the Medieval French poet and villain, played the main role in the University's lustrum festivities in 1961, the city being renamed 'Villon-ville' for the occasion.*

■ *Bij de achtergevel van het Kapittelhuis staat een beeldje van François Villon, vervaar-digd door de beeldhouwer Marius van Beek. Deze mid-deleeuwse Franse dichter en misdadiger was de hoofdper-soon in het lustrumfeest van de Universiteit in 1961. Voor die gelegenheid was de stad omgedoopt tot Villonville.*

■ The housing shortage in Utrecht did not disappear with the construction of the new Voordorp housing estate, named after a fort which had once stood on this spot. The estate, completed in the mid-1990s, has since become well-known for its innovative architecture.

■ De grote vraag naar woningen in Utrecht is niet verdwenen door de aanleg van de nieuwbouwwijk Voordorp. Zij is genoemd naar een fort dat daar vroeger heeft gelegen. De wijk, afgerond in de jaren negentig, is befaamd om haar architectonische hoogstandjes.

■ Modern architecture around the Wilhelminapark, on the corner of Koningslaan (King's Avenue). A maternity clinic was opened here in 1916 and named after Queen Emma, the wife of King Willem III. She acted as Regent for her daughter Wilhelmina from 1890 to 1898. The Emma-kliniek was pulled down in 1979.

■ Moderne architectuur langs het Wilhelminapark, op de hoek van de Koningslaan. In 1916 is hier een kraamkliniek geopend die werd genoemd naar koningin Emma, de echtgenote van koning Willem III. Zij was tussen 1890 en 1898 regentes voor haar dochter Wilhelmina. De Emmakliniek is in 1979 afgebroken.

emphasizing the fact by building a moat around the city. They built an earth wall, with four gateways, which in some places was very probably reinforced with natural stone. There was a wooden palisade on the wall and some strong watch towers, such as the Smeetoren (1145). Anyone living within the wall was reasonably safe, although Utrecht has known a good deal of civil strife in its time. Peace reigned in the end, and the population could grow. Utrecht was, in fact, the largest and most important city north of the main rivers in the Netherlands, right up to the period around 1500.

Most houses were originally made of wood , the art of brick making having been lost. Natural stone had to be imported from abroad and was, therefore, too expensive, even for the most wealthy. Although brick making was re-discovered around the year 1200, it would be a long time before bricks were used generally. Wood was still the cheapest material. Most houses were single-storey and families simply lived their lives on the hardened clay floor with an open fire in the middle, the smoke discharging through a hole in the roof. One of the greatest fears in the Middle Ages was a city fire. With all those wooden houses and thatched roofs, the fire could easily spread. In the bitter cold winds of winter, there would be no means of extinguishing it – there was no real fire-fighting equipment in those days and it was up to the people themselves to do what they could with buckets of water. This was why there was a law that holes always had to be kept open in the ice on the canals, and there were many more regulations making it clear to the population that they must be extremely careful with fire. Firemen kept permanent watch from the tower of the Buurkerk and the bell would ring loud across the city in times of impending calamity. Despite all these precautionary measures, however, many times Utrecht fell prey to the ravages of enormous fires, sometimes lasting for several days at a stretch. In 1148 – the year in which the stone city wall was completed, half the city, including the Domkerk, was destroyed by flames. History repeated itself in 1253 when large parts were on fire (for nine days!) and again in 1279. The City Council announced around 1365 that steps would have to be taken to replace all the wooden houses with stone con-structions, but by 1600 there were still so many wooden houses that new re-gulations had to be enforced, and only then could the definitive stone con-struction of the city get under way.

In 1550, the city wall was strengthened and extended with four stone bul-warks which were given the names; Morgenster Morning Star), Sterrenburg (Star Fortress), Manenburg (Moon Fortress) and Zonnenburg (Sun Fortress).

Zij bouwden een aarden wal met vier poorten die op een paar plaatsen waar-schijnlijk was versterkt met natuursteen. Op de wal stonden een houten palis-sade en een paar sterke uitkijktorens, zoals de Smeetoren (1145). Wie binnen deze muur woonde, was betrekkelijk veilig, al hebben er in Utrecht ook felle en gewelddadige burgertwisten gewoed. Maar op den duur kwam er rust en kon de bevolking groeien. Tot plm. 1500 was Utrecht de grootste en belang-rijkste stad boven de grote rivieren in Nederland.

Aanvankelijk waren bijna alle huizen van hout. De kunst van het stenen bakken was verloren gegaan. Natuursteen moest uit het buitenland worden ingevoerd en was daardoor zelfs voor de meeste welgestelden te duur. Toen omstreeks 1200 het steenbakken weer was ontdekt, duurde het lang voordat men alom in baksteen ging bouwen. Hout bleef voorlopig goedkoper. De meeste huizen hadden geen verdieping; men leefde op de aangestampte lemen vloer waarop middenin het huis een vuur brandde. De rook verdween via een gat in het dak.

Een van de angstvisioenen van de Middeleeuwers was een stadsbrand. Met al die houten huizen en rieten daken sloeg het vuur gemakkelijk over. Bij felle winterse wind was er geen blussen aan: men had nog geen brandspuiten en moest zich behelpen met emmertjes water. Vandaar het voorschrift dat er in het ijs op de grachten gaten opengehouden moesten worden. Er waren meer verordeningen die iedereen op het hart drukten uiterst voorzichtig te zijn met vuur. Op de toren van de Buurkerk hielden brandwachten de stad in de gaten en sloegen alarm zodra zij onheil ontwaarden. Ondanks alle voorzorgen is Utrecht een aantal keren ten prooi gevallen aan een reusachtige brand die soms dagen duurde. In 1148 – het jaar waarin de stenen stadsmuur gereed kwam – brandde de halve stad af, inclusief de Domkerk. In 1253 (negen dagen lang!) en 1279 brandde opnieuw een groot deel van de stad. Het stadsbestuur nam al omstreeks 1365 maatregelen om de houten huizen door stenen te ver-vangen. Maar na 1600 stonden er nog zoveel dat nieuwe voorschriften nodig waren. Toen kon de definitieve 'verstening' van de stad pas echt beginnen.

Omstreeks 1550 werd de stadsmuur versterkt en uitgebreid met vier stenen bolwerken: Morgenster, Sterrenburg, Manenburg en Zonnenburg. In 1579 waren nieuwe versterkingen nodig, nu met vijf aarden bolwerken: Begijne-, Lucas-, Mariabolwerk, Wolvenburg en Lepelenburg. Maar het stadsbestuur besteedde onvoldoende zorg aan de muur. Omstreeks 1600 waren er al tuinen met tuinhuisjes op de muur aangelegd en het schootsveld in de omgeving stelde door de aanleg van boomgaarden en door woningbouw op den duur

■ *Achter Sint Pieter no. 4, a building dating from the late-Middle Ages, was given a new façade in the 18th century.*

■ *Een laat-middeleeuws gebouw dat in de achttiende eeuw een nieuwe voorgevel heeft gekregen, is Achter Sint Pieter nr 4.*

■ In the background the Fundatie van Renswoude (Renswoude Foundation) in the Agnietenstraat. The building was completed in 1761 as a training school for poor boy orphans. The house stands at right angles to the Lange Nieuwstraat. On the left, the Beyerskameren. When Adriaen Beyer and Alet Jansdochter died around the year 1590, they left goods and properties for the benefit of the old and needy. Twelve alms-houses were built and first occupied in 1599. The poor who lived in them rent-free, also received annually a sack of wheat, 12 pounds of butter, 25 pounds of cheese and 10 sacks of peat.

■ Op de achtergrond de Fundatie van Renswoude aan de Agnietenstraat. Het gebouw werd opgeleverd in 1761 ten behoeve van de arme weesjongens die er een opleiding kregen. Het huis staat haaks op de Lange Nieuwstraat. Links de Beyerskameren. Toen Adriaen Beyer en Alet Jansdochter omstreeks 1590 stierven, lieten zij hun goederen na ten behoeve van oude behoeftige mensen. Er werden 12 'vrijwoningen' gebouwd die in 1599 in gebruik werden genomen. De armen die er gratis woonden, kregen elk jaar ook nog een mud tarwe, 12 pond boter, 25 pond kaas en 10 zakken turf.

In 1922, the Sint Bonifatiuscollege (St. Boniface College) started its life in this building on the Kromme Nieuwe Gracht (Winding New Canal). It was for two centuries the 'winter residence' of the Van Tuyl van Serooskerken family, who spent their summers in their castle in Zuilen. It was common for wealthy families like these to spend their summers outside the city and their winters in it. The large castles and mansions were difficult to heat and sometimes the roads were almost impassable. Isabella van Tuyl van Serooskerken, born on 20 October 1740, and who later became known as Belle van Zuylen, regularly stayed in this house during her youth. In 1771 she married her Swiss husband, Charles de Penthès de Saint-Hyacinthe de Charrière, and as Madame de Charrière, Belle van Zuylen wrote several novels and plays in French. But it is for her concern for the social issues that she deserves her fame. She was a feminist 'avant la lettre', which means: she advocated women having a greater 'voice' in a world governed by the conventions and egoism of men.

In 1922 startte in dit pand aan de Kromme Nieuwe Gracht het Sint Bonifatiuscollege. Het huis had twee eeuwen gediend als 'winterverblijf' van de familie Van Tuyl van Serooskerken, die in de zomer op het slot Zuilen verbleef. Rijke families als de Van Tuyls woonden 's zomers buiten en 's winters in de stad. De grote kastelen of landhuizen waren moeilijk te verwarmen en bovendien waren de wegen soms nauwelijks begaanbaar. Isabella van Tuyl van Serooskerken, geboren op 20 oktober 1740 en beter bekend als Belle van Zuylen, heeft in haar jeugd regelmatig in dit huis gewoond. In 1771 trouwde zij met de Zwitser Charles de Penthès de Saint-Hyacinthe de Charrière. Als Madame de Charrière schreef Belle van Zuylen een aantal romans en toneelstukken in het Frans. Meer dan om haar literaire werk verdient Belle van Zuylen onze belangstelling om haar aandacht voor sociale vraagstukken. Zij was een feministe avant la lettre, dat wil zeggen: zij pleitte in die tijd al voor meer zeggenschap voor vrouwen.

Tower 'de Ham' in Vleuten. Remainder of a once much bigger castle. Will we find this in the middle of a new suburb in the near future?

Dit is toren 'de Ham' in Vleuten. Restant van een eens veel groter kasteel. Vinden we de toren straks terug midden in een nieuwe Utrechtse stadswijk?

New reinforcements were considered necessary in 1579 and this brought yet another five, earthen, bulwarks known as: the Begijne, Lucas and Maria-bolwerken, the Wolvenburg (wolves) and the Lepelenburg (spoon/ scooped). Unfortunately, however, the City Council did not give the wall the degree of care it deserved. Around the year 1600, gardens and garden houses had been established on top of the walls, and the creation of orchards and house building projects, almost entirely robbed the surrounding field of fire of its function. The city walls had lost their military role by the beginning of the 19th century. Demolition work began around 1830 and many of the old defences were replaced by attractive public parks and pathways, designed by the architect J.D. Zocher Jr.

For centuries, the people of Utrecht lived out their daily lives within the confines of the none too safe 'embrace' of the city walls. We have a fairly accurate picture of what that must have been like for the affluent classes of those times, because much has remained of their houses and other possessions. We know far less about the lower strata of society.

Wealthy merchants and the higher clergy lived in villas and palaces, particularly along the Oudegracht (dating from 1120) and the Nieuwegracht which was dug around 1350. Below street level, there are the wharfs still so characteristic of the city, where the river traffic could find moorings. Goods could easily be stored in the cellars of the houses at street level above the wharfs. Some people turned their houses into virtual castles, with their thick walls and high constructions reaching out above the buildings around them. City castles like these were intended primarily to advertise the wealth of their owners. Stadskasteel Oudaen is a typical example of this.

There was once, however, a real castle in the city. In the period around 1500, Utrecht was incorporated into the Spanish empire, and to keep the citizens in check, the Spanish king had a mighty citadel built at the Vredenburg. Indeed, in 1576, the Spanish occupying army used it to shell the city. When the military finally departed, the people of Utrecht wanted the castle to be demolished, and they began the work in 1577, thanks especially to the determination of the women. Whilst the men continued to deliberate on the question of whether or not the lovely, usable and useful castle should be spared, the women under the leadership of Katrijn van Leemput, were already wielding pick-axes. Of the noble construction, only little remains – one small part of it is incorporated into the outer wall of the Vredenburg concert hall.

The less well-off citizens lived in the shadow of the villas and palaces of the

ook weinig meer voor. In het begin van de 19de eeuw had de muur zijn militaire functie verloren. Omstreeks 1830 begon de sloop en werden veel van de verdedigingswerken vervangen door fraaie plantsoenen en wandelpaden volgens het ontwerp van de architect J.D. Zocher jr.

Binnen de niet al te veilige omarming van de muur hebben eeuwenlang de inwoners van Utrecht hun dagelijkse leven geleefd. Wij kunnen ons redelijk voorstellen hoe dat voor de welgestelden geweest is. Van hun huizen en andere bezittingen is veel bewaard gebleven. Over de lagere standen weten wij veel minder.

Rijke kooplieden en hoge geestelijken woonden in herenhuizen en paleizen, voornamelijk langs de (in 1120 gegraven) Oudegracht of de Nieuwegracht die omstreeks 1350 is gegraven. Onderlangs de grachten lagen de karakteristieke werven, waar schepen konden aanleggen.

Over de werven konden goederen gemakkelijk in de kelders van de woonhuizen worden opgeslagen. Sommige rijken maakten van hun woning een echt kasteel, dat met dikke muren en hoge kantelen boven de omgeving uitstak. Zulke stadskastelen waren vooral bedoeld om de rijkdom van de eigenaar te tonen. Stadskasteel Oudaen is daar een voorbeeld van.

Er heeft ook een echt kasteel in de stad gestaan. Utrecht was omstreeks 1500 een deel van het Spaanse rijk. Om de burgers onder de duim te houden, liet de Spaanse koning op het Vredenburg een sterke burcht bouwen. Omstreeks 1576 hebben de Spaanse troepen van daaruit met hun geschut een deel van de stad beschoten. Toen de militairen waren vertrokken, besloten de burgers het kasteel te slopen. In 1577 begonnen zij er aan. Dat was vooral te danken aan de doortastendheid van de vrouwen. Want terwijl de mannen nog delibereerden over de vraag of het mooie en toch wel nuttige kasteel niet bewaard moest worden, namen de vrouwen onder leiding van Kathrijn van Leemput de houwelen ter hand. Er is van het trotse gebouw nauwelijks iets overgebleven: een enkel restje is opgenomen in het muziekcentrum Vredenburg.

In de schaduw van de huizen en paleizen der rijken woonden de minder welgestelden. Vooral in de achterbuurten was het leven zwaar. Over de mensen die daar woonden en over hun leefomstandigheden weten wij weinig. Pas in de vorige eeuw is daarover uitvoerig geschreven. Geleerden ontdekten toen dat ongezonde woontoestanden konden leiden tot ernstige epidemische ziekten die ook de welgestelden konden bedreigen. Vooral cholera-epidemieën hebben aan deze ongerustheid bijgedragen. Het was voor velen een teleurstelling

■ One of the most well-known of the city castles is Huis Oudaen on the Oude-gracht. It was built shortly after 1300, and in 1577 suffered artillery fire from the Spanish troops then occupying the Vre-denburg castle where several small cannons had been plac-ed on the roof. The cannon balls can still be seen in the rear gable. Oudaen was an Old People's Home from 1759 to 1964 and was run by the Netherlands Reformed Church. It was called the 'Old Men and Old Women's House' in the past. It is now a 'Grand Café' and a beer brewery.

■ Een van de bekendste stads-kastelen is het Huis Oudaen aan de Oudegracht. Het is kort na 1300 gebouwd en in 1577 door Spaanse troepen uit kas-teel Vredenburg beschoten. Er waren toen enkele kleine ka-nonnen op het dak geplaatst. De kanonskogels zijn nog te zien in de achtergevel. Oudaen was van 1759 tot 1964 bejaar-dencentrum van de neder-lands hervormde kerk. Men noemde dat in het verleden: Oude Mannen- en Vrouwen-huis. Op het ogenblik is het in gebruik als grand café en bier-brouwerij.

■ The house on the corner of Hoogt 2, has two gables and was built before 1650. The small entrance gate dates from 1642 and was formerly part of another building, having been incorporated into the present building during restoration work in 1950.

■ Het huis op de hoek van Hoogt 2 heeft twee gevels en is voor 1650 gebouwd. Het poortje uit 1642 is afkomstig uit een ander gebouw. Het is in 1950 tijdens een restauratie opgenomen in dit pand.

■ At Prins Hendriklaan
number 50 we find the world
famous Schröder house. Gerrit
Rietveld's experiment and
masterpiece dates from 1924.
Détail of eastern façade

■ Aan de Prins Hendriklaan
50 vinden we het in 1924 gebouwde Schröderhuis, Gerrit
Rietvelds wereldberoemde
experiment en meesterwerk.
De foto geeft een detail weer
van de oostzijde van de
woning.

rich, and life in the poor neighbourhoods outside the inner city was particularly hard. Little is known of their houses and the conditions under which they lived, and it was only in the last century that the subject was written about in any detail. Scholars of the day had discovered that the roots of serious epidemic diseases lay in the unhealthy living conditions of the times, and that these epidemics threatened the wealthy classes just as much as the poor. It was cholera epidemics in particular which caused the greatest fear, and it was a serious disappointment to many when it became apparent that Utrecht was no longer the healthy city to which doctors had up to that time sent their patients to recuperate. Even the water from the famous pump in the Mariaplaats – sold in bottles elsewhere because of its excellent quality – was now no longer up to standard.

Many people lived in houses which were considered to be unfit for human habitation. But where could they go? There was a desperate housing shortage and people often had to content themselves with just a simple roof over their heads. Around 1850, for instance, dozens of people lived in what were known as the 'Keukentjes (tiny kitchens) van Korvezee', which were nothing more than small sheds built onto the back of tiny cottages. The owners simply boarded-up the connecting doors and rented out the two sections separately. A high wall opposite the sheds blocked out all the sunlight and the alleyways behind them were no more than a metre wide, which meant that the shed windows could not be opened because there would be no space to walk. The sheds were also so low that an adult could not stand upright in them – there was neither a properly panelled ceiling nor a chimney – on rainy days, the water poured in through the leaking roof and under the door. The neighbourhood had no proper drinking water and of course no toilets. The people of Utrecht had to wait until 1850 before piped water, sanitation, sewage discharge and rubbish disposal were laid on. The unhealthy consequences of the earlier situation were particularly apparent in the small, stuffy, houses of the poorer sections of the population. The help given by churches and private institutions for the benefit of the city's numerous poor, was in fact hardly enough to keep body and soul together. Fortunately, it was not unknown for the rich to bequeath sums of money for the care of specific groups of the poor. One of these benefactors was Maria Duyst van Voorhout, Vrijvrouwe (Baroness) van Renswoude; when she died in 1754, it appeared that she had willed that part of her wealth should be used to establish technical education

toen zij merkten dat Utrecht niet langer de gezonde stad was waar artsen kort tevoren nog patiënten heen hadden gestuurd om aan te sterken. Zelfs het water uit de beroemde pomp op de Mariaplaats – dat in flessen elders werd verkocht om zijn uitstekende kwaliteit – deugde niet.

Veel mensen woonden toen in huizen waarvan men vond dat ze onbewoonbaar waren. Maar waar moesten ze anders heen? Er heerste grote woningnood en men was blij met alles waar een dak op stond. Omstreeks 1850 leefden er bijvoorbeeld tientallen mensen in de zogenoemde Keukentjes van Korvezee. Het waren berghokjes aan de achterkant van zeer kleine woninkjes. De eigenaar had de tussendeur dichtgetimmerd en verhuurde beide delen afzonderlijk. Een hoge muur tegenover de hokjes nam alle zonlicht weg.

Omdat het steegje waaraan de huisjes lagen, niet breder was dan een meter, konden de vensters niet wijd open worden gezet omdat er dan niemand meer voorbij kon. De hokjes waren zo laag dat een volwassen mens er niet rechtop in kon staan. Het plafond was niet betimmerd, er was geen schoorsteen, bij regen stroomde het water naar binnen via het lekke dak en onder de deur door. Er was geen behoorlijk drinkwater in de buurt en natuurlijk geen WC. Waterleiding en een hygiënische afvoer van uitwerpselen en ander vuilnis waren zaken die pas ver na 1850 werden geregeld. De ongezonde gevolgen daarvan merkte men het beste in de kleine bedompte huisjes van de minder gegoede burgers.

De hulp die kerken en particuliere instellingen aan de talrijke armen gaven, was te weinig om van te leven en teveel om van te sterven. Gelukkig lieten rijken in hun testament nogal eens een bedrag na voor de verzorging van een bepaalde groep armen. Maria Duyst van Voorhout, Vrijvrouwe van Renswoude bijvoorbeeld. Toen zij in 1754 overleed, bleek dat zij een deel van haar vermogen had nagelaten om technisch onderwijs te organiseren voor begaafde weesjongens. De lessen werden gegeven in het gebouw van de Fundatie van Renswoude dat in 1761 is voltooid. Na hun opleiding zwermden zij uit over de wereld, als stuurman, orgelbouwer, instrumentmaker en dergelijke.

Andere welgestelde Utrechters lieten geld na voor de bouw van 'vrijwoningen', huizen waarin armen gratis mochten wonen. Vaak werd er ook wat geld gereserveerd om hen wat kleding, voedsel en brandstof te geven. Men noemde zulke huisjc 'cameren' en een aantal daarvan is bewaard gebleven.

Sommige vormen een rijtje langs bestaande straten; andere liggen rondom een pleintje op afgesloten terrein. Zo staan langs de Lange Nieuwstraat de

■ *Achter de Dom (Behind the Cathedral) is a narrow street full of imposing old buildings. Beside the Domkerk is the rear wall of the cathedral's Kapittelhuis (Chapter House) where the Provincial Council held its meetings until 1528, and where in 1579 the foundation of today's Republic of The Netherlands was proclaimed in the signing of the 'Union of Utrecht'.*

■ *Achter de Dom is een straatje vol imposante oude gebouwen. Naast de Domkerk ligt de achtergevel van het Kapittelhuis van de Dom waar tot 1528 het bestuur van de provincie vergaderde en in 1579 de basis werd gelegd voor het huidige Nederland toen de Unie van Utrecht er werd gesloten.*

■ The Loenersloot house is
number 20 on the Nieuwe-
gracht and dates from prior to
1579. At that time it was occupied by a widow after whom it
was named. It has two gables,
the step gabled section being
the living quarters. The
original transverse gable had a
kind of parapet which gave it
the appearance of a castle. It
has been a Roman Catholic
'clandestine' church in its time
and was also the Archiepisco-
pal Museum from 1868 to 1919.
Catholic priests live in it today.
The adjoining buildings date
from the 17th century.

■ Aan de Nieuwegracht staat
op nr 20 het huis Loenersloot.
Het dateert van voor 1579.
Toen woonde er een weduwe
naar wie het pand is genoemd.
Het staat met twee gevels naar
de straat. Het deel met de
trapgevel was het woonhuis.
De dwarse gevel had aanvankelijk kantelen waardoor het
huis er uitzag als een kasteel.
Het is een rooms-katholieke
schuilkerk geweest en was
Aartsbisschoppelijk Museum
tussen 1868 en 1919. Thans wonen er rooms-katholieke geestelijken. De aangrenzende panden dateren uit de 17e eeuw.

The stone Manenburg bulwark was completed in 1554, as part of the city wall reinforcements. The houses on it date from the early period. It lost its purpose in the last century. In 1916 the cellar was used for storing paraffin. When founded, it was referred to as: 'terrible and fierce against the enemy, harmless for the inhabitants'. The latter is still true today, the houses there still offering a romantic place to live.

In 1554 werd het stenen bolwerk Manenburg voltooid. Het was onderdeel van de versterkingen van de stadsmuur. De huizen die erop staan dateren al uit de beginperiode. In de vorige eeuw verloor het zijn functie. De kelder werd in 1916 gebruikt als opslagplaats voor petroleum. Bij de stichting noemde men het 'verschrikkelijk en hevig tegen de vijand, voor de inwoners onschadelijk'. Dat laatste is zo gebleven: de woningen bieden een romantisch onderdak.

for gifted orphan boys. Lessons were eventually given in the Fundatie van Renswoude (Renswoude Foundation) building which was completed in 1761, and following their training the boys swarmed out to all parts of the world as helmsmen, organ builders and instrument makers, etc.

Other wealthy citizens bequeathed money for the construction of alms-houses, where the poor could live free of charge, with funds also often available to cover the costs of their clothing, food and fire wood. These small houses were referred to as 'cameren', and several have been preserved up to the present day. Some stand in rows in existing streets, and others are group-ed around a small square or enclosed area. In the Lange Nieuwstraat, for instance, there are 12 of these terraced houses known as the Beyerskameren, which were built in 1597 and restored in 1960.

For a long time, Utrecht was the largest city in the Netherlands, but it was only in the last century that it's population far exceeded 30,000. Population growth continued its upward trend at a considerable pace, and the con-sequent housing shortage was apparent almost everywhere. The inner city was fully built-up and from 1860, in particular, large numbers of houses were built in the suburbs, the city centre becoming much more the business hub of the city. Utrecht had a population of 100,000 in 1900, and in 1970 the figure had reached almost 280,000. The numbers dropped steadily after that, to an official total of 234,403 as at 31 December 1994; there were in all probability considerably more than that, but not everyone had obeyed the call to of-ficially register themselves. Between New Year's Eve 1953 and New Year's Day 1954, the city's population suddenly jumped from 198,328 to 241,635. Not, it must be added, as a result of some kind of biological miracle, but rather because of its territorial expansion, for which the city had been persistently pressing in the years before. Many Utrechters were living in housing estates built by neighbouring councils, which did not belong administratively to the city. One of the consequences of this was that the roads into the city were inadequate and neglected. The commuting public was also unable to use the city's facilities and services. All in all, a situation which had to end.

Utrecht's population has also increased considerably since the Second World War, following the arrival of immigrant workers, particularly from Mediterranean countries. This meant that in 1994 more than 27% of the population in Utrecht – some 64,000 people – originated from countries outside The Netherlands. For all kinds of reasons, many of them have congregated in particular areas, to the extent that some neighbourhoods have

Beyerskameren, 12 vrijwoningen die in 1597 zijn gebouwd en in 1960 gerestau-reerd. Utrecht was lange tijd de grootste stad van Nederland, maar pas in de vorige eeuw kwam het aantal inwoners fors boven de 30 000. De bevolking groeide snel en de woningnood werd bijna overal merkbaar. De binnenstad raakte volgebouwd en vooral na 1860 werden er veel huizen gebouwd in de buitenwijken. De binnenstad werd steeds meer zakencentrum.

In 1900 woonden er 100 000 mensen in de stad, in 1970 zelfs bijna 280 000. Daarna is het aantal inwoners gedaald. Op 31 december 1994 had Utrecht offi-cieel 234 403 inwoners. In werkelijkheid waren het er meer omdat niet ieder-een zich gehoorzaam in de ambtelijke molens laat registreren.

In de nacht van 31 december 1953 op 1 januari 1954 is de bevolking opeens wel erg snel gegroeid: van 198 328 tot 241 635. Dat kwam niet door een me-disch wonder maar door een gebiedsuitbreiding waar de stad in de vooraf-gaande jaren steeds maar weer op had aangedrongen. In de omliggende ge-meenten waren woonwijken gebouwd (bijvoorbeeld Tuindorp en Hoogra-ven) waar mensen uit Utrecht woonden, maar die administratief niet bij de stad hoorden. Een van de gevolgen was dat de wegen naar de stad gebrekkig waren. De mensen konden ook geen gebruik maken van stedelijke voorzie-ningen en diensten. Aan die toestand kwam nu een einde.

Sedert de Tweede Wereldoorlog is Utrecht ook snel gegroeid door de komst van gastarbeiders, vooral uit de landen rondom de Middellandse Zee. Daar-door was in 1994 ruim 27 procent van de Utrechtse bevolking niet afkomstig uit Nederland, in totaal 64 000 mensen. Om verscheidene redenen hebben velen van hen een woonplaats gevonden in elkaars omgeving. Daardoor is in een aantal buurten meer dan 30 procent van de inwoners 'allochtoon'. Omdat onder hen betrekkelijk veel jonge mensen voorkomen, is 40 procent van alle Utrechtse inwoners in de leeftijdsgroep van 0–19 jaar afkomstig uit een ander land. Voor de gastarbeiders zijn speciale voorzieningen getroffen, zoals de bouw van een vrouwenbadhuis en de aanstelling van sociale raadslieden.

Om alle nieuwe burgers woonruimte te verschaffen, wordt er tot op de hui-dige dag koortsachtig gebouwd. In 1993 kwam de nieuwbouwwijk 'Voordorp' gereed, genoemd naar een fort dat daar heeft gelegen. Maar er zijn veel meer woningen nodig, zeker nu het aantal 'eenoudergezinnen' sterk is toegenomen. In 1994 stonden er in totaal 97 500 woningen in Utrecht en dat is veel te weinig want de prijzen van huizen behoren tot de allerhoogste in Nederland. Nieuwe uitbreiding komt ten westen van Utrecht in de wijk Leidsche Rijn. Daar moe-ten in 2015 meer dan 30 000 nieuwe woningen staan en bijna 100 000 mensen

■ The river Vecht near Loenersloot. The river was
Utrecht's main sewage outlet
for centuries. It was also part
of the link-route between Amsterdam and Germany and, as
such, vital to the city's economy. That function has since
been taken over by the Amsterdam–Rijnkanaal. Many
people enjoy the Vecht as a
place for recreation and pleasure today.

■ De Vecht bij Loenersloot.
De rivier heeft eeuwenlang
dienst gedaan als riool voor de
stad Utrecht. Ze was onderdeel
van de verkeersverbinding tussen Amsterdam en Duitsland
en daardoor van onmisbaar
belang voor de economie van
de stad. Het Amsterdam–Rijnkanaal heeft die functie overgenomen. Tegenwoordig vinden velen op, in en aan de
Vecht vertier en recreatie.

▷

■ Castle De Haar in Haar-
zuilens is one of the largest
castles in The Netherlands. It
probably dates from 1163, and
from 1440 to 1634, and again

from 1761 onwards, it was the property of the Zuylen lineage, from which the village draws its name. A century ago, Pierre Cuypers set about restoring the decaying castle, preserving the walls and covering the inner courtyard, thereby turning it into a very opulent residence indeed. In laying the great park around the castle, the existing village had to be demolished and rebuilt 'in style' by Cuypers, on a site nearby.

■ *Kasteel De Haar te Haarzuilens is één van de grootste kastelen van Nederland. Het dateert vermoedelijk van 1163 en was van 1440 tot 1634 en opnieuw na 1761 in het bezit van het geslacht Zuilen, waaraan het dorp zijn naam ontleent. Een eeuw geleden heeft Pierre Cuypers het tot ruïne vervallen kasteel gerestaureerd. Hij handhaafde de muren, maar overdekte de binnenplaats en maakte er een weelderige residentie van. Voor de aanleg van een groot park om het kasteel werd het bestaande dorp geheel afgebroken en in de directe omgeving door Cuypers geheel 'in stijl' opgebouwd.*

■ The city wall and the bulwarks were demolished in the last century, and the defence of Utrecht was taken over by the Nieuwe Hollandse Waterlinie. Enemies would be deterred by the construction of mighty fortifications, and large areas of land could be flooded if necessary. The development of new weaponry meant that these fortifications too would become superfluous in time. And so they lie impotent to this day amid lovely scenery. This picture shows part of one of the ten fortifications within Utrecht's boundaries: the Vier Lunetten in Koningsweg and Houtensepad.

■ In de vorige eeuw sloopte men de stadsmuur en de bolwerken. De verdediging van Utrecht was overgenomen door de Nieuwe Hollandse Waterlinie. Die zou vijanden wel buiten de deur houden met machtige forten. Ook konden grote stukken land onder water worden gezet. De ontwikkeling van nieuwe wapens maakte ook deze forten op den duur overbodig. Ze liggen nu weerloos in het fraaie

▷

a 30% 'foreign' population. And because their numbers include a relatively high proportion of young people, 40% of the total Utrecht population under 20, is of foreign descent. Special facilities have been arranged for these 'gast-arbeiders' (guest workers), including the building of a bath house for women, and the appointment of special welfare officers to protect their interests.

To accommodate all these new citizens, building projects have been going on at fever pitch right up to the present time. The new 'Voordorp' housing estate – named after a fort which had once stood there – was completed in 1993. But much more is still needed, certainly in the light of the growing number of 'one parent families'. The city had 97,500 housing units in 1994 but that is not enough, particularly as house prices are the highest in the country. A new expansion programme is in progress in the area to the west known as the Leidsche Rijn, which in the year 2015 will have more than 30,000 housing units for almost 100,000 people. The area has been inhabited since the Bronze Age (1800 – 100 B.C.). Farmers tilled the land in the Middle Ages, and today it is used for cattle and glasshouse horticulture. Construction of the new estate will take as much account as possible of the many archaeological finds in the area. There will be no tower-blocks because constructions of this kind cannot be reconciled with the desire of people today for a home that reflects something of themselves, with a pitched roof and small garden.

leven. Het gebied is al sedert de Bronstijd (1800–100 v. Chr.) bewoond geweest. In de Middeleeuwen werkten er boeren op het land en tegenwoordig vindt men er veel veeteelt en glastuinbouw.

Bij de aanleg en inrichting van de nieuwe wijk wordt zoveel mogelijk rekening gehouden met de tientallen plaatsen waar interessante archeologisch vondsten zijn gedaan. Echte woontorens zullen er niet verrijzen. Het verlangen naar een eigen, herkenbare woning met een puntdak en een tuintje is daarvoor te sterk.

landschap. Op deze foto een deel van een van de tien forten die op het grondgebied van de stad Utrecht liggen: de Vier Lunetten aan de Koningsweg en het Houtensepad.

■ A view into the narrow south aisle of the Romanesque Pieterskerk (St. Peter's Church); four of its ten pillars were replaced during restoration work in the 1950s. The old columns (each a solid piece of red sandstone) still stand in the front of the church. The Pieterskerk has been used for all kinds of purposes in its history, from barracks to lecture hall. For centuries it has been in the hands of the Waals Hervormde Gemeente (Walloon Reformed Community), who also allow its use for numerous cultural events. From 1732 to 1969, it was used by the Hieronymusschool (now the Stedelijk Gymnasium) for its Prize Giving ceremonies, and it was a favourite venue for newly qualified theologians to give their first trial sermons.

■ Een doorkijkje in de smalle zuiderbeuk van de romaanse Pieterskerk. Bij de restauratie in de jaren vijftig van deze eeuw werden vier van de tien pilaren vervangen. De oude kolommen uit één stuk rode zandsteen staan nog altijd voorin de kerk. De Pieterskerk heeft tal van bestemmingen gehad, van kazerne tot collegezaal. De kerk wordt sinds eeuwen gebruikt door de Waals Hervormde Gemeente, die haar overigens ook voor culturele doeleinden ter beschikking stelt. Van 1732 tot 1969 had jaarlijks hier de prijsuitreiking plaats van de Hieronymusschool, tegenwoordig het Stedelijk Gymnasium. Afgestudeerde theologen hielden in deze kerk graag hun proefpreek.

UTRECHT, CITY OF CHURCHES AND MONASTERIES

Anyone looking at a Medieval map of the city of Utrecht, will be struck by its wealth of towers and spires. There were the towers of the 'kerkenkruis' (church/cross) formed by five Chapter churches with Sint Maartenskerk (St. Martin's Church) in the centre, and around it the Pieterskerk in the east, the Paulusabdij (abbey) now the Law Courts in the south, the Mariakerk in the Mariaplaats in the west, where the Kunsten en Wetenschappen (Arts & Sciences) building now stands, and the Janskerk in the north. There were in addition several parish churches, of which the most prominent were the Buurkerk, the Nicolaaskerk, the Jacobskerk and the Geertekerk.

Apart from the churches, there were also countless convents, monasteries and hospices for the aged and the infirm, most of which had a chapel with its accompanying spire. And then there were also the towers on the city gates and a number of public buildings, although most of them, of course, were symbols of religious faith.

Until 1580, Utrecht was a city where one could come across a saint of some kind on the corner of every street, a fact to which many streets still bear witness: from Annastraat to Wittevrouwensingel (the Women in White Canal), and from Achter Sint Pieter (Behind St. Peter) to Mariahoek (Mary's corner). And names like Jacobijnenstraat (Jacobine street), Brigittenstraat, Lucasbolwerk (Luke's bulwark), Jansdam (John's dam) and Minrebroedersstraat (Friars Minor street) all testify to Utrecht's religious past.

The Domtoren (cathedral tower) and the cathedral itself, otherwise known as Sint Maartenskerk, have remained the heart and soul of the city. Buildings have been erected and destroyed since the beginning of Christianity on the spot where they now stand; the location of the Roman castellum and later a fortification built by the Friesians. The Franks built a small church here in the 7th century and dedicated it to St. Martin. Willibrord, the apostle to the Friesians, built a new Maartenskerk here around the year 700, followed later by a monastery and a second church in honour of St. Salvator. It was Bishop Hendrik van Vianden who commissioned the start of the construction of the cathedral in 1254, a part of which has withstood the centuries and still stands today. Generations of bishops and stone masons worked on the plans and their execution, until in 1517 lack of money brought it all to a halt. What stood then was a marvellous Gothic cathedral, but there were no buttresses or flying buttresses to support the nave and secure the building. The result was that the

UTRECHT, STAD VAN KERKEN EN KLOOSTERS

Wie een middeleeuws overzicht van de stad Utrecht bekijkt, staat versteld van het aantal torens en torentjes dat de stad rijk was. Er waren de torens van het 'kerkenkruis', gevormd door vijf kapittelkerken met de Dom- of Sint Maartenskerk in het hart en daaromheen in het oosten de Pieterskerk, in het zuiden de Paulusabdij, waar nu het gerechtshof ligt, in het westen de Mariakerk op de Mariaplaats, waar nu het gebouw van Kunsten & Wetenschappen (K&W)staat, en in het noorden de Janskerk. Daarnaast was er een aantal parochiekerken, waarvan de voornaamste waren de Buurkerk, de Nicolaaskerk, de Jacobskerk en de Geertekerk.

Behalve de kerken waren er de talloze kloosters en gasthuizen waarvan de meeste ook een kapel met een torentje bezaten. Tenslotte had je nog de torens van de poorten van de stad en een aantal openbare gebouwen. Maar de meeste torens hadden toch met het geloof te maken.

Tot 1580 is Utrecht een stad geweest waar je op elke straathoek wel een heilige tegenkwam. Het aantal straten dat daarnaar verwijst, loopt in de tientallen. Van Annastraat tot Wittevrouwensingel en van Achter Sint Pieter tot Mariahoek. Maar ook namen als Jacobijnenstraat, Brigittenstraat, Lucasbolwerk, Jansdam of Minrebroedersstraat herinneren ons aan dat kerkelijk verleden van Utrecht.

Hart en ziel van de stad blijven de Domtoren en de Dom- of Sint Maartenskerk. Waar die staan, is bijna vanaf het begin van onze jaartelling gebouwd en verwoest. Op deze plek stond het Romeinse castellum en later een versterking van de Friezen. De Franken bouwden er in de zevende eeuw een kerkje, toegewijd aan Sint Maarten. Willibrord, 'de apostel van de Friezen', bouwde er omstreeks 700 een nieuwe Maartenskerk en later nog een klooster en een tweede kerk, de Sint Salvator. Bisschop Hendrik van Vianden maakte in 1254 een aanvang met de bouw van de kathedraal, waarvan nu een gedeelte nog overeind staat. Generaties bisschoppen en steenhouwers hebben zich met de plannen en de uitvoering ervan beziggehouden tot in 1517 het werk bij gebrek aan geld werd gestaakt. Er stond toen een prachtige gotische kathedraal, maar het schip van de kerk miste steunberen en luchtbogen om het geheel voldoende stevigheid te geven. De storm van 1 augustus 1674 deed het middenstuk instorten. Het puin bleef liggen tot 1826. Toen legde Utrecht het Domplein aan, tussen de Domtoren en wat er van de Domkerk was blijven staan. Bij de jongste restauratie van vijf middeleeuwse kerken, die duurde

■ The Janskerk (St. John's Church), formerly a Romanesque church with two large towers, now is comprised of a low Romanesque nave and a high Gothic choir, built between 1508 and 1539. This is not so obvious viewed from the inside, but clearly visible when viewed exteriorly, as in this photo. The choir rises several metres above the rear of the church, adding to its overall charm, this charm being accentuated by the small spire which has adorned the church since its restoration in 1979.

■ De Janskerk, vroeger een romaanse kerk met twee grote torens, bestaat nu uit een laag romaans schip en een hoog gotisch koor, dat tussen 1508 en 1539 is gebouwd. Binnen in de kerk valt dat niet zo op, maar wanneer je er van buiten tegenaan kijkt, zoals op deze foto, des te meer. Het koor steekt meters boven het achterste deel van de kerk uit, maar dat maakt deel uit van haar charme. Die charme wordt verhoogd door het torentje dat de kerk sinds de restauratie van 1979 weer siert.

■ The west wall of the Jans-kerk (St. John's Church), with the so-called Antoniuskapel (St. Anthony's Chapel) on the left, which is actually a separate house built against the existing church. This was also the city's Main Guard House and explains the presence of the city's coat of arms, surrounded by all kinds of weaponry, drums, flags, a cuirass, a shield and a helmet, above the door. Under it the device: 'Concordia res parvae crescunt' (Union is strength). The façade seen here was built in 1681, in order to fill the gap caused by the hurricane of 1674, which also destroyed the existing southern tower of the church to such an extent that it had to be demolished. The northern tower had disappeared long before. One can see from the paving stones in front of the church exactly where the two towers once stood.

■ De westgevel van de Jans-kerk met links de zogeheten Antoniuskapel, een apart huis dat tegen de bestaande kerk is aangebouwd. Hierin zetelde ooit de hoofdwacht van de stad. Daarom staat boven de deur nog altijd het stadswapen, omgeven door allerlei wapentuig, trommels, vlaggen, een kuras, een schild en een helm. Daaronder de zinspreuk van de Republiek der Verenigde Nederlanden: 'Concordia res parvae crescunt' (Eendracht maakt macht). De gevel die u hier ziet is in 1681 gebouwd om het gat te dichten dat een wervelstorm in 1674 had geslagen. Daarbij werd ook de toen nog bestaande zuidelijke toren van de kerk zodanig verwoest dat afbraak noodzakelijk was. De noordelijke toren was al langer verdwenen. In het plaveisel vóór de kerk kunt u nog zien waar beide torens gestaan hebben.

■ *Of the Mariakerk, which stood on the site of the present Kunsten en Wetenshappen (Arts & Sciences) building, all that remains is the name of the Mariaplaats (St. Mary's Place) and parts of the courtyard or cloister which lay to the south of the church. The cloister runs adjacent to the Sint Jan de Deo (St. John of God) hospital built in the last century, but which no longer functions as a hospital. The building is now used by the Arts Academy's Music Department.*

■ *Van de Mariakerk, die stond op de plaats waar nu het gebouw voor Kunsten en Wetenschappen staat, rest ons niet meer dan de naam van de Mariaplaats en nog een gedeelte van de pandhof of kloostergang die ten zuiden van de kerk lag. Die gang grenst aan het in de vorige eeuw gebouwde ziekenhuis Sint Jan de Deo, dat als zodanig niet meer functioneert. Het gebouw wordt nu gebruikt door de Hogeschool voor de Kunsten, afdeling Muziek.*

central section succumbed to the might of the infamous August 1674 storm and the rubble remained where it lay until 1826. The city councillors of the day then decided to construct the Domplein (cathedral square) between the Domtoren and what remained of the Domkerk. The most recent restoration of the five Medieval churches, which lasted from 1968 to 1986, included restoring the Domkerk to its full and former glory, under the expert hand of Van Hoogevest Architects.

The construction of the early-Roman pillared basilica of the Pieterskerk began in 1039, and Bishop Bernold was buried in that in 1054. Although the cathedral was actually his church, he expressed the wish to be buried in the Chapter of Sint Pieter, the church he had commissioned and which six years before his death, he had consecrated. Alas, lightening completely destroyed that Pieterskerk as early as 1076 nor was that the only fire it had to contend with in its history; another one on 12 March 1279 became known as the 'Wivekensbrand' because it was thought that women very probably had a hand in it. The church was again slightly damaged in 1577, this time by a cannon-ball fired by the besieging Spanish army occupying the Vredenburg. The cannon-ball has been hung in the church as a reminder and a curiosity. In 1587, the City Council's plans to demolish the church were thwarted by opposition from influential families protesting against the disappearance of their family graves. The hurricane of 1674 decided the matter, however, by destroying a large part of the church and its two towers, and they have never been reconstructed.

The grave of Bishop Bernold, with his chalice and ring, were discovered during excavations of part of the main choir, and his red sandstone sarcophagus was placed in the restored crypt in 1952.

During the turbulent years of the Reformation, the church even served as an army barracks for a while, and from 1621–1626 the Illustre School, the University's forerunner, gave anatomy lessons in the choir. The crypt has also been used for a wide range of purposes: as a warehouse and a wine cellar, and finally as a mausoleum, the purpose for which it was originally intended.

Although it dates from around the same period, the Janskerk bears no resemblance to the Pieterskerk, although initially there were some similarities in that both were Romanesque and both had two towers. The fact that the northern tower of the Janskerk appears on none of the surviving drawings, suggests that it must have disappeared very soon after its construction – its foundations were only discovered in 1958. The other tower was demolished in

van 1968 tot 1986, is ook de Domkerk prachtig gerestaureerd onder de bekwame handen van Van Hoogevest Architecten. De Pieterskerk is een vroegromaanse zuilenbasiliek, waarvan de bouw begon in 1039. In 1054 werd bisschop Bernold in deze kerk begraven. Hoewel de Dom zijn kathedraal was, wilde hij worden begraven in het kapittel van Sint Pieter, de kerk die hij zelf had laten bouwen en zes jaar voor zijn dood had ingewijd. Al in 1076 brandde deze Pieterskerk na een bliksseminslag volkomen uit. Ook andere branden hebben de kerk geteisterd, waaronder op 12 maart 1279 de Wivekensbrand, zo genoemd omdat waarschijnlijk vrouwen daarin de hand hebben gehad. In 1577 werd de kerk licht beschadigd door een kanonskogel van de Spaanse bezetting op het Vredenburg. Die kogel is als curiositeit in de kerk opgehangen. In 1587 had het stadsbestuur plannen om de kerk te slopen. Die gingen niet door omdat invloedrijke families bezwaar hadden tegen het verdwijnen van hun familiegraven. De cycloon van 1674 trok zich daar niets van aan en sloopte een groot gedeelte van de kerk en haar twee torens. Die zijn nooit herbouwd.

Bij afgraving van een gedeelte van het hoogkoor vond men het graf van bisschop Bernold met diens kelk en ring. De rode zandstenen sarcofaag is in 1952 in de gerestaureerde crypte geplaatst.

In de woelige jaren na de reformatie heeft de kerk een tijd als kazerne gediend. Van 1621 tot 1626 gaf de Illustre School, de voorloper van de universiteit, op het hoogkoor anatomische lessen. De crypte heeft allerlei gebruiksdoeleinden gekend: opslagplaats, wijnkelder en tenslotte weer waarvoor zij bedoeld was, namelijk mausoleum.

Hoewel ongeveer uit dezelfde tijd stammend, lijkt de Janskerk in het geheel niet op de Pieterskerk. Aanvankelijk zijn die overeenkomsten er wel geweest: romaanse kerken met allebei twee torens. De noordelijke toren van de Janskerk moet al spoedig na de bouw verdwenen zijn. Hij komt op geen enkele tekening voor. Pas in 1958 werd de fundering ervan gevonden. De andere toren werd in 1681 gesloopt nadat de wervelstorm van 1674 hem onherstelbaar had beschadigd. De grootste verandering die de Janskerk onderging, is ook na de jongste restauratie zeer goed zichtbaar. Men heeft de Janskerk om willen bouwen van een romaanse naar een gotische kerk, maar is daar slechts voor de helft in geslaagd. Het romaanse koor is afgebroken en op die plek is een gotisch koor gebouwd. Dat is het beste te zien vanuit de Domstraat: alsof twee verschillende kerkhelften aan elkaar zijn 'geplakt'. Het torentje op het koor dateert van de jongste restauratie in 1979.

■ The interior of the metro-
politan basilica of St. Catharina, the cathedral church of
the Roman Catholic Arch-
bishop of Utrecht, in the Lange
Nieuwstraat. The choir at the
rear was once the chapel of the
Carmelite Convent, now
known as the Catharijneconvent. The chapel was later
extended to become a church.
To the right and left of the
choir are the statues of the
twelve apostles, and to the
right that of St. Catharina.
Against the wall, behind the
high altar stands the Bischop's
throne of the Cardinal.

■ Interieur van de metropoli-
tane basiliek van de Heilige
Catharina, de kathedraal van
de rooms-katholieke aartsbisschop van Utrecht aan de Lange Nieuwstraat. Het koor ach-
terin was vroeger de kapel van
het karmelietenklooster, gevestigd in wat nu het Catharijne-
convent is. De kapel is later
uitgebreid tot kerk. In het koor
ziet u links en rechts de beelden van de twaalf apostelen.
Rechts staat een beeltenis van
de H. Catharina. Achter het
altaar tegen de achterwand
staat de bisschopszetel van de
kardinaal.

■ A number of Utrecht's historic buildings are floodlit during the summer months. Here we see the floodlit cathedral tower; it creates a very special impression, particularly as light also flows from the inside of the upper part of the tower, the octagonal lantern too. The cathedral tower, a beacon in the night, visible from afar.

■ Tijdens de zomermaanden zijn een aantal historische gebouwen in de avonduren verlicht. Op deze foto van de domtoren bij kunstlicht krijgt u een hele aparte kijk op dit bouwwerk, vooral ook omdat het bovenste gedeelte van de toren, de achtkantige lantaren, ook van binnenuit is verlicht. De domtoren, een van veraf zichtbaar baken in de nacht.

■ The quadrangle of the
Domkerk (cathedral). The
Groot Kapittelhuis (Great
Chapter House), south of the
Domkerk, can be reached from
the church via the roofed
gallery. It was in this Chapter
House that the protocol of the
Treaty of Utrecht was signed
in 1579. The hall is now used
for Ph.D., and other university
ceremonies. The hall is con-
nected to the century old
Academic Building, the main
entrance of which is on the
Domplein (Cathedral Square).
Between the shrubs in the
courtyard stands the statue of
Jan van den Doem, one of the
church's architects.

■ De pandhof of kloostergang
van de Domkerk. Vanuit de
kerk kan men via de overdekte
galerij het Groot Kapittelhuis
bereiken dat ten zuiden van de
Domkerk ligt. In dit Groot
Kapittelhuis is in 1579 het protocol van de Unie van Utrecht
getekend. Tegenwoordig wordt
de ruimte gebruikt voor promoties en andere plechtigheden van de universiteit. Tussen
het struweel van de pandhof
ziet u het beeld van Jan van
den Doem, een der bouwheren
van de kerk.

1681 following the irreparable damage caused to it by the 1674 hurricane. The greatest change that the Janskerk ever underwent is very clear to see from the most recent restoration which has revealed that past efforts to transform it from a Romanesque to a Gothic church were only half successful. The Romanesque choir was destroyed and replaced by a Gothic one – this is most apparent when viewed from the Domstraat, and it looks as if the halves of two different churches have been 'stuck' together. The small spire above the choir dates from the latest restoration in 1979.

Of the Paulusabdij located south of the Dom, little remains but a small piece of wall, now part of the Law Courts complex. The Mariakerk has disappeared almost entirely from the face of the earth; all we have is a piece of the courtyard behind the Arts Academy's Music Department.

The Buurkerk received its name as early as 1131, and it means the church for 'ordinary' people, 'neighbours'. The church stood – and still stands – in the oldest part of the city centre, where indeed the ordinary citizens lived, held their markets and practised their crafts. The Buurkerk has also suffered the ravages of time, including the fires of 1253 and 1279, and for years after that work was done to make it what it is today: a Gothic hall church with five aisles. The heavy tower was completed in 1404, and fulfilled a real function in the city, in that its summoning bell was rung on the occasion of proclamations made by the City Fathers and pronouncements made by the judiciary. The bell, which was rung to announce the closing of the city gates, also hung in the tower which for many centuries provided room for the city's firewardens and gave them an excellent view across the city.

In 1457, 'Suster (Sister) Bertken' had herself bricked into a small cell built into the wall of the Buurkerk – this was her place of meditation and prayer. Her cell measured roughly 4 x 4 metres and had two small windows, one facing the high altar and the other the street, and it was through this street window that she gave solace and comfort to anyone stopping to talk to her. Sister Bertken died in 1514, in her cell, at what was certainly at that time the extremely respectable age of 87 years.

In 1579 the Reformed Church took over the church building. Because there was no longer an altar – for Protestants, it was the pulpit which was the focal point of the church – they also had no further need for the choir and demolished it in 1586 'to find a road there', which became known as the Choorstraat.

The Buurkerk became 'the church of the poor' in 1802; beggars had to

Van de Paulusabdij die ten zuiden van de Dom lag, is weinig meer over dan een stuk muur in het complex van het gerechtshof. Ook de Mariakerk is vrijwel van de aardbodem verdwenen: er rest ons achter het Conservatorium nog een stuk van de pandhof.

Al in 1131 wordt de Buurkerk genoemd, een kerk voor 'gewone' mensen, de 'geburen'. De kerk lag – en ligt nog – in het oudste deel van de binnenstad, waar de burgers woonden, hun markten hielden en hun ambachten uitoefenden. Ook de Buurkerk was regelmatig het slachtoffer van brand, bijvoorbeeld in 1253 en in 1279. Daarna is er jaren gewerkt aan de kerk zoals wij haar nu van buiten kennen: een vijfbeukige gotische hallenkerk. De zware toren werd in 1404 afgebouwd. Die toren had een functie in de stad. De banklok luidde er bij beslissingen van de vroedschap of bij gerechtelijke uitspraken. De waakklok, die geluid werd voor het sluiten van de stadspoorten, hing er en bovendien gaf de toren eeuwenlang onderdak aan de brandwacht die van hieruit goed zicht had op de stad.

In 1457 liet 'Suster Bertken' zich inmetselen in een kluis tegen het koor van de Buurkerk. Daar bad en mediteerde zij. Het vertrek van ongeveer vier bij vier meter had twee raampjes: het ene keek uit op het hoofdaltaar van de kerk, het andere op straat. Via dat raam sprak zij mensen die stilhielden moed en troost in. Suster Bertken stierf in 1514 in haar kluis, op de zeker toen eerbiedwaardige leeftijd van 87 jaar.

In 1579 kregen de hervormden de kerk in gebruik. Omdat er geen altaar meer was – bij de protestanten werd de preekstoel het middelpunt van de kerk – hadden zij ook het koor niet meer nodig en sloopten dat in 1586 'om aldaar een straat te vinden': de Choorstraat, uitgesproken als Koorstraat.

In 1802 werd de Buurkerk gebruikt als 'armenkerk'. Mensen die van de bedeling leefden, moesten hier naar toe op straffe van het intrekken van hun steun. Het gewone volk kerkte er ook, onder wie veel dienstmeisjes. Daarom begonnen de diensten hier een half uur eerder dan in andere kerken: het personeel had dan thuis de koffie klaar als mijnheer en mevrouw uit hun veel deftiger kerk thuiskwamen.

Sinds 1984 heeft de Buurkerk een andere bestemming: op 23 november van dat jaar werd het 'Museum van Speelklok tot Pierement' erin geopend, na ingrijpende restauratie en verbouwingen onder leiding van Van Hoogevest Architecten. Toen het middeleeuwse Utrecht van stadswallen werd voorzien, maakte men die 'op de groei' en nam de bestaande woonkernen van het Boveneind rond de Nicolaaskerk en het Benedeneind rond de Sint Jacob

Detail of the front of the Paushuize with the image of Christ, Lord of Heaven and Earth, worked into the gable under the canopy. Since the foundation of the Kingdom of The Netherlands, this building has been the official residence of the Royal Commissioners for the Province of Utrecht. Before the construction of the new Provincial Government Building in the Uithof, all the departments of the Province were housed in and around this complex.

Detail van de voorgevel van Paushuize met onder het baldakijn in de gevel een beeld van Christus, heerser over hemel en aarde. Sinds de stichting van het koninkrijk is hier de ambtswoning van de commissaris van de koningin in de provincie Utrecht gevestigd. Vóór de bouw van het nieuwe provinciehuis in de Uithof waren hier en in de omgeving van dit complex alle diensten van de provincie gehuisvest.

■ A view of the Paushuize (Papal House) taken from the wharf and looking over the bridge which joins the Nieuwegracht with the Kromme Nieuwegracht: the Pausdam (Pope's dam). Both the house and the dam are named after Pope Adriaan Florisz who was born in Utrecht in 1459. He was also tutor to Charles V and founder of the University of Louvain. As one of Emperor Charles' advisers, Florisz lived in Madrid until he was elected Pope in 1522. He had already commissioned the building of this house Achter Sint Pieter (Behind St. Peter's) as the place in which he intended to end his days. Alas, he never lived here because, as Holland's only Pope, he died in Rome in 1523 and was buried there.

■ Gezicht op Paushuize van onder op de werf over de brug die de Nieuwegracht verbindt met de Kromme Nieuwegracht: Pausdam. Huis en Dam zijn genoemd naar de in 1459 in Utrecht geboren Adriaan Florisz. Hij was onder andere leraar van Karel V en stichter van de universiteit van Leuven. Als adviseur van keizer Karel woonde hij in Madrid, toen hij in 1522 tot paus werd gekozen. Al eerder had hij opdracht gegeven tot het verbouwen en inrichten van dit huis Achter Sint Pieter om daar zijn levensavond te slijten. Hij heeft er nooit gewoond, want de enige Nederlandse paus overleed in 1523 en werd in Rome begraven.

■ In the Janskerkhof (St. John's Graveyard) is the entrance to a building which is currently used by the University of Utrecht. Above the door is the coat of arms of the States of Utrecht, which met here for centuries. It was also the building from which the Franciscan Friars Minor were expelled in 1580; the building as it now stands was once the refectory of their monastery which stretched to the Minrebroederstraat (Friars Minor Street) and is also accessible via the Hoogt. The building also served as the University Library for a long time.

■ Op het Janskerkhof treft u de hoofdingang aan van een gebouw dat tegenwoordig in gebruik is bij de universiteit van Utrecht. Boven de deur ziet u het wapen van de Staten van Utrecht, die hier eeuwenlang hebben vergaderd. In 1580 werden uit dit gebouw en uit de stad de minderbroedersfranciscanen verdreven. Dit gebouw was de eetzaal van het klooster dat zich uitstrekte langs de Minrebroederstraat en ook bereikbaar is via het Hoogt. De bibliotheek van de universiteit was ook geruime tijd in dit gebouw gehuisvest.

assemble here, if they were not to forfeit their 'dole' payments. It remained the church of the 'ordinary' people of the day, including large numbers of young women servants, and it was for this reason that the services here began half an hour earlier than in other churches, so that the parlour maids could prepare the coffee in time for Sir and Madam's return from their more 'high class' church.

From 1984, onwards, the Buurkerk was given a new function – on 23 November of that year, it became the home of the 'Museum van Speelklok tot Pierement' (National Museum From Musical Clock to Street Organ), following extensive restoration and rebuilding, once again under the guidance of Van Hoogevest Architects.

When the Utrecht of the Middle Ages was given its city walls, the planners made allowances for city expansion and incorporated the existing neighbourhoods of Boveneind (Upper End) around the Nicolaaskerk and the Benedeneind (Lower End) around the Sint Jacobkerk, within their confines. These two churches, together with the Buurkerk, were the three parish churches, a fourth – the Geertekerk – being built later on the western side of the city. The Nicolaaskerk was first recorded in 1173, and its name is obviously drawn from its close vicinity to the river – St. Nicholas had been honoured, since ancient times, as the patron saint of traders and bargemen. The parish covered an area stretching out from De Bilt to the Vaartsche Rijn canal, and the church was situated so far from the city centre that its late-Romanesque construction was never damaged by fire, the hurricane of 1674 taking only the steeple on the northern tower as it raged over the city, and it was never rebuilt. The Nicolaaskerk (St. Nicholas Church)was the first to emerge from restoration work in 1978. An exceptionally clear carillon, made by the Hemony Brothers, has rung out across the city since 1650.

Both the Nicolaaskerk and the Sint Jacob (St. James) church were first recorded in 1173, as the parish churches of villages where bargemen and traders on the Rhine had built their homes. At the end of the 13th century, work was started on the early-Gothic cruciform basilica at the spot where a Romanesque church had stood and of which only the foundations have been found. The Sint Jacob underwent changes, extensions and renovations right up to the Reformation and since its last restoration was completed in 1977, the church is once more to be seen in all its glory.

It was decided around the year 1250, probably for reasons of safety, to replace the old Geertekerk by a new Geertekerk within the city walls, and this

binnen de muren op. Samen met de Buurkerk waren dit de drie parochiekerken. Later is aan de westkant van de stad nog een vierde parochiekerk gebouwd: de Geertekerk. In 1173 wordt voor het eerst melding gemaakt van een Nicolaaskerk. De nabijheid van de rivier verklaart de naam. Nicolaas was vanouds de beschermheilige van de handelaren en de schippers. De parochie besloeg een gebied dat zich uitstrekte van De Bilt tot de Vaartsche Rijn. De kerk lag zo ver van het centrum dat het laat-romaanse bouwwerk nooit door brand werd verwoest. De storm van 1674 nam alleen de spits van de noordelijke toren mee. Die is nooit herbouwd. De Nicolaas was de eerste kerk die in 1978 hersteld uit het restauratieplan te voorschijn kwam. Een bijzonder helder klokkenspel van de gebroeders Hemony strooit sinds 1650 zijn klanken over de stad.

Net als de Nicolaaskerk wordt de Sint Jacob voor het eerst vermeld in 1173 als parochiekerk van een dorpje van schippers en kooplieden op de Rijn. Aan het einde van de dertiende eeuw begon de bouw van de vroeg-gotische kruisbasiliek op de plaats waar al eerder een romaanse kerk had gestaan, waarvan alleen fundamenten zijn gevonden. Ook de Sint Jacob is tot aan de reformatie steeds veranderd, uitgebreid en vernieuwd. Sinds de restauratie in 1977 werd voltooid, is de kerk weer in volle glorie te bewonderen.

Ter vervanging van een eerdere Geertekerk die buiten de stadsmuur lag, bouwde men, waarschijnlijk uit een oogpunt van veiligheid, rond 1250 een nieuwe Geertekerk binnen de muur. Deze vroeg-gotische kerk is veel soberder dan de andere kerken uit de Middeleeuwen. Rond 1850 was ze zo vervallen dat het kerkbestuur sloop overwoog. Toch werd de Geertekerk toen provisorisch hersteld. In 1954 volgde een grondige restauratie. Het gebouw was toen op de muren na ingestort en de ruïne was dat jaar overgedragen aan de Remonstrantse Gemeente.

Met de beeldenstorm van 1566 begon de omwenteling en de godsdienststrijd die in de tachtigjarige oorlog (1568–1648) ook de strijd tegen de Spaanse koning was. Wie rooms-katholiek was, was Spaansgezind en moest dus vertrekken. In 1577 werden als eersten de predikheren en de minderbroeders de stad uitgezet omdat zij weigerden de eed van trouw af te leggen aan Oranje en aan de opstand. Ondanks alle bepalingen omtrent vrijheid van godsdienst, neergelegd in de Pacificatie van Gent, werden in korte tijd alle mannenkloosters opgeheven. De vrouwenkloosters hielden het iets langer vol omdat nonnen aanvankelijk als ongevaarlijk werden beschouwd. De kloosterlingen die zich niet verzetten, werden trouwens in hun door stad en Staten van Utrecht

■ A view of the interior of the
Gertrudiskerk (Gertrude
church). This building, hidden
between the surrounding
houses, was originally a
Roman Catholic 'clandestine'
church, which in 1704 became
the property of the community
of Old Catholics, who later
built their cathedral next to it
in Willemsplantsoen (William
Square). It has recently been
completely restored. St. Gertrude was one of the most popular of the Medieval saints;
she lived an austere life of pen-
ance and prayer. Pleas were
made for her intercession in
rat and mouse plagues.

■ Blik op het interieur van de
Gertrudiskerk. Het tussen de
huizen verscholen gebouw was
aanvankelijk een rooms-katholieke schuilkerk, sinds 1704
overgegaan naar de oud-ka-
tholieken, die later vlak daarnaast aan het Willemsplantsoen hun kathedraal bouw-
den. De Gertrudis is recent
geheel gerestaureerd. De heilige Gertrudis was één der meest
populaire heiligen uit de middeleeuwen. Zij leidde een sober
leven van boete en gebed. Haar
hulp werd ingeroepen tegen
ratten- en muizenplagen.

■ This panorama shows what remains of the 'kerkenkruis' (cross of churches). The Domkerk in the centre, the Pieterskerk (on the right of this view) in the east, and the Janskerk in the north (right background, and not to be confused with the neo-Gothic Willibrordkerk visible here above the Domkerk). To the south (in the foreground) is the Law Courts building, where the Paulusabdij (St. Paul's Abbey) once stood in the Middle Ages and which formed the southern arm of the cross of churches. The Buurkerk (Neighbour Church) can be seen on the extreme left of the picture.

■ Op dit overzicht is te her-kennen wat Utrecht rest van het 'kerkenkruis'. Met de Domkerk als centrum, in het oosten (rechts op de foto) de Pieterskerk en in het noorden de Janskerk (rechts op de ach-tergrond, niet te verwarren met de in de vorige eeuw ge-bouwde neogotische Willi-brordkerk op de foto boven de Domkerk). In het zuiden (on-der op de foto) ziet u het ge-bouw van het gerechtshof. Geheel links de Buurkerk.

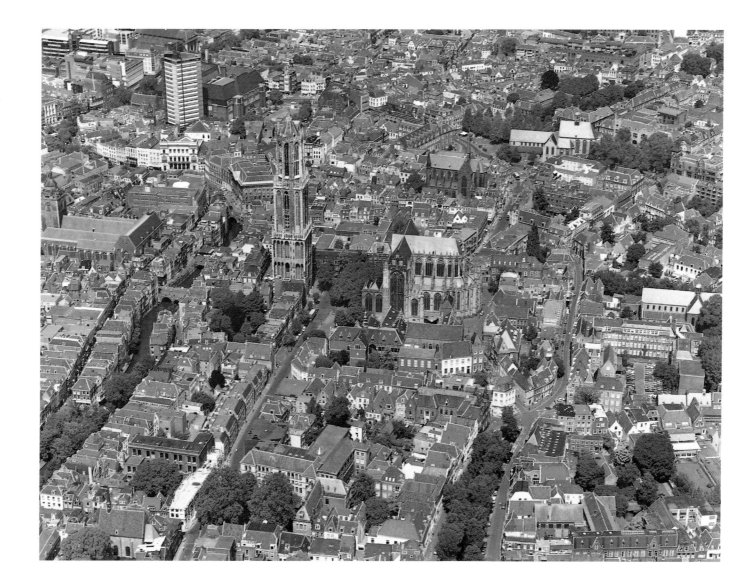

■ The choir of the Domkerk in the street appropriately named Achter the Dom (behind the Cathedral). A forest of buttresses, supporting the lower wall two-by-two, and then one at a higher level which stretches out into a flying buttress supporting the higher wall. If the whole church had originally been reinforced in this way, it is unlikely that the hurricane of 1 August 1674 would have caused so much damage to the Domkerk, and the nave of the church would probably have remained intact.

■ Het koor van de Domkerk in de straat die toepasselijk Achter de Dom heet. Een woud van steunberen, telkens twee die de benedenmuur schragen en dan één hogere die uitloopt in een luchtboog ter ondersteuning van de bovengevel. Wanneer de hele kerk op deze manier was 'verstevigd' zou de orkaan van 1 augustus 1674 wellicht minder schade aan de Domkerk hebben aangericht en zou ook het schip van de kerk nu nog overeind hebben gestaan.

early-Gothic church is much more sober than the other Medieval churches. The building had become so dilapidated around 1850, that the church council considered the possibility of demolishing it, but instead it was given a interim restoration. Complete restoration followed in 1954; the building had collapsed almost entirely, except for the outer walls, and the ruin as it then stood was handed over to the Remonstrant community.

The outbreak of the iconoclastic 'fury' in 1566, added to the chaos of the religious struggle which during the Eighty Years War (1568–1648) had, in fact, become a fight against the Spanish King. Any Catholic of the time was automatically labelled pro-Spanish and had to leave. It was the Dominican Friars and the Friars Minor who were the first to be banished from the city in 1577, on the grounds that they had refused to swear the oath of allegiance to the House of Orange and the uprising. Despite all the regulations governing freedom of religion, laid down in the Pacificatie van Gent (Peace Treaty of Ghent), no time was lost in closing all the monasteries. Convents managed to survive a little longer, because nuns were not considered to constitute any great danger. Non-resisting monks and nuns were left undisturbed and allowed to remain in their convent and monastery buildings which the city and States of Utrecht had officially confiscated from them. The prevailing attitude was that they would all die eventually, anyway.

The States did, however, order the immediate evacuation and destruction of convents and monasteries situated outside the city's boundaries, in order to prevent enemy troops using the buildings as hiding places. The Benedictine 'Oostbroek' Abbey on the estate that still bears the name, was one of them – it lies east of the city close to the Academic Hospital and the same happened to the Karthuizer Monastery, to the north of the city, of which the old gateway has been preserved and still stands in the present Laan van Chartroise.

Buildings belonging to the suppressed monastery and convent communities sited within the city walls were usually spared destruction, because they could still be used. The States of Utrecht, for instance, held their meetings for years in the refectory of the former Friars Minor house in Janskerkhof. The building stands to this day and is now used by the Utrecht University.

In 1580 the City Council prohibited the holding of Roman Catholic church services, and in the years that followed Masses were held in the so-called 'clandestine churches', often attics or sheds made fit for religious services.

geconfisqueerde gebouwen met rust gelaten. Zij stierven immers vanzelf wel uit. Wel werden op bevel van de Staten de ver buiten de stad gelegen kloosters ontruimd en met de grond gelijk gemaakt. Men wilde daarmee voorkomen dat vijandelijke troepen die gebouwen als schuilplaats zouden gebruiken. Dit lot trof de Benedictijnerabdij van Oostbroek op het landgoed dat die naam nog draagt. Het ligt ten oosten van de stad naast het Academisch Ziekenhuis. Ten noorden van de stad gebeurde hetzelfde met het Karthuizerklooster, waarvan het poortgebouw nog bewaard is in de huidige Laan van Chartroise.

De gebouwen van opgeheven kloosters binnen de stadsmuren bleven doorgaans bewaard omdat die bruikbaar waren. De Staten van Utrecht bijvoorbeeld vergaderden jarenlang in de eetzaal van het voormalige klooster van de minderbroeders aan het Janskerkhof. Het gebouw staat er nog altijd en wordt nu gebruikt door de Universiteit Utrecht.

In 1580 verbood de raad van de stad rooms-katholieke kerkdiensten. Die werden in de jaren daarna gehouden in zogenoemde schuilkerken: zolders en schuren die geschikt werden gemaakt voor godsdienstoefeningen. Met oogluikende toestemming van de overheid konden de gelovigen daar terecht. Achter Clarenburg ligt, nauwelijks zichtbaar voor wie de situatie niet kent, de Maria Minor, ingeklemd tussen de nieuwbouw van Hoog Catharijne en de huizen van de Mariaplaats. De uit de Buurkerk verdreven rooms-katholieken vonden hier eeuwenlang onderdak.

Een heel bekende en onlangs geheel gerestaureerde schuilkerk is de Gertrudiskapel aan de Mariahoek. Van binnen een echte kerk, van buiten verscholen tussen de huisjes.

Sinds 1580 was er in Utrecht geen bisschop meer, maar een door Rome benoemde apostolisch vicaris. In 1704 werd de toenmalige vicaris Petrus Codde door Rome beschuldigd van Jansenisme en uit zijn ambt ontslagen. Dat Jansenisme ontleende zijn naam aan de in 1585 te Acqouy bij Leerdam geboren theoloog Jansenius, die in 1638 als bisschop van Ieper in West-Vlaanderen was overleden. Diens theologie was gebaseerd op de genadeleer van Augustinus, maar vond geen genade in Rome. Toen de paus in 1723 een opvolger van Codde benoemde, weigerde het kapittel van Utrecht deze te aanvaarden en het koos Cornelis Steenoven tot aartsbisschop van Utrecht. Daarmee was de kerkscheuring in Utrecht een feit. Voortaan bestond daar naast de roomskatholieke ook de oud-katholieke kerk. Vijf van de twaalf rooms-katholieke parochies kozen in 1723 tegen Rome en voor Utrecht. Onder hen waren zowel

■ A close-up view of the Domtoren (tower). The photographer reached a spot inaccessible to 'ordinary folk', and produced this detail of what we shall call the Dom's 'lace work'. It is amazing how such a tower which looks so 'straight-lined' from a distance, can reveal, at closer inspection, such detailed and filigreed stone carving, all the work of human hands. It is not only a wonderful example of Medieval architecture, but also a monument to the patience, craftsman ship and attention to detail of the stone-mason.

■ Het 'kantwerk' van de Domtoren van dichtbij gefotografeerd. Op een plaats waar u en ik nooit zullen komen, kwam wel de fotograaf om u een gedetailleerd beeld te geven van wat wij het 'kantwerk' van de Dom noemen. Het is ongelooflijk hoe een toren die er van veraf zo strak uitziet van dichtbij zoveel grillige lijnen vertoont die ooit door mensenhanden in steen zijn gehakt. Niet alleen een prachtig voorbeeld van middeleeuwse bouwkunst, maar evenzeer van geduldige steenhouwerij tot in alle details.

■ It is worth taking a long
look at this picture. Look
beyond the spire on the tower:
to the left the Maartensbrug
and above it the rear wall of
the Buurkerk. This picture also
presents an excellent view of
the 12 pilaster pediments
which, during the recent
restoration, were added to the
buttresses on the inner side of
the point where the flying
buttresses begin. The 7 metre
high pinnacles carved from
peperino-duro, are the most
spectacular part of the Domkerk's exterior restoration.

■ Dit is een prent om lang
naar te kijken. Zie om de
torenspits heen: links de
Maartensbrug en erboven de
achterwand van de Buurkerk.
Op deze foto zijn ook uitste-
kend te zien de 12 streefpijler-
bekroningen die bij de laatste
restauratie zijn aangebracht
bovenop de steunberen aan de
binnenkant op de plaats waar
de luchtbogen aan de onder-
kant beginnen. Die 7 meter
hoge pinakels gehakt uit peperino-duro zijn het meest spectaculaire deel van de restauratie van de Domkerk.

■ *Anyone wanting to see or explain the significance of the iconoclasm of the Reformation, should stand directly in front of this altar-piece, dating from approx. 1500, in the Arkel chapel of the Domkerk. One cannot but be struck by the austerity with which this spot, and other parts of the Domkerk, illustrate the effects of the Calvinist fury. The paint-work was restored, but where the art-work was destroyed, a light grey paint has been applied to cover the 'wounds'.*

■ *Als u ooit wilt zien of aan iemand wilt uitleggen wat de beeldenstorm heeft betekend, dan moet u oog in oog gaan staan met dit altaarretabel uit omstreeks 1500 en geplaatst in de kapel van Arkel in de Domkerk. Indrukwekkend is de sobere wijze waarop hier en op verschillende andere plaatsen in de Domkerk de gevolgen van de beeldenstorm worden getoond. Bij de restauratie is het schilderwerk hersteld, maar op de plaatsen waar het kunstwerk is vernield is een lichte grijze verf op de 'wonden' gestreken.*

They became the meeting places of the faithful, the authorities tacitly 'condoning' them by turning a blind eye. Behind the Clarenburg, and hardly visible to those who do not know the history, is the Maria Minor, hemmed in between the new Hoog Catharijne and the houses in the Mariaplaats. For centuries Roman Catholics 'exiled' from the Buurkerk, found refuge here.

A very famous and recently completely restored 'clandestine church' is the Gertrudiskapel (Gertrude Chapel) in the Mariahoek; on the inside an authentic church, and on the outside indistinguishable from the surrounding cottages.

From 1580 onwards, Utrecht no longer had its own bishop, his function being replaced by an Vicar Apostolic appointed by Rome. In 1704, the Vicar of the time, Petrus Codde, found Rome accusing him of Jansenism and he was removed from his post. Jansenism derives its name from the theologian Jansenius, who was born in 1585 in the village of Acqouy, near Leerdam, and died as Bishop of Ypres in West Flanders in 1638. He based his theology on St. Augustine's Doctrine of Divine Grace, but found no grace in Rome. When the Pope appointed a successor to Codde in 1723, the Chapter of Utrecht refused to accept him and chose Cornelis Steenoven as Archbishop of Utrecht instead ... and the church schism of Utrecht became a fact. From that point on, Utrecht had both a Roman Catholic church and an Old Catholic church; in that same year (1723) five of the twelve Roman Catholic parishes in Utrecht opted for Utrecht and against Rome, and they included both the Gertrudis and the Maria Minor communities.

The other 'clandestine church' which declared itself faithful to Rome had been established in 1700 in the 'De swarte haen' (The Black Cockerel) house on the Oudegracht. The city gave permission for the construction of a small Roman Catholic church in the garden next to it in 1753.

Full freedom of religion returned to the whole of The Netherlands in 1853, although Utrecht's Medieval churches, with the exception of the Catharinakerk in Lange Nieuwstraat, remained in the hands of the Reformed Churches, and the Catholics were thus compelled to build new churches for themselves. At the end of the last century, many such churches – usually Neo-Gothic – were built, some of which have already been demolished. They included the Willibrorduskerk in Minrebroedersstraat, which was built by the architect, Alfred Tepe, and consecrated in 1877. It was constructed so close to the Reformed Janskerk that it was feared that the Catholic singing would disturb the Protestant sermon. Services were held in the Willibrord church until 1967,

de Gertrudis als de Maria Minor. Een andere schuilkerk, die de kant van Rome koos, was sinds 1700 gevestigd in het huis 'De swarte haen' aan de Oudegracht. In 1753 gaf de stad toestemming een rooms-katholiek kerkje te bouwen in de tuin ernaast.

Sinds 1853 was er weer complete godsdienstvrijheid in heel Nederland. Maar de middeleeuwse kerken in Utrecht bleven, met uitzondering van de Catharinakerk aan de Lange Nieuwstraat, in handen van de hervormden en dus moesten de katholieken nieuwe kerken bouwen. Aan het einde van de vorige eeuw zijn er vele – meest neo-gotische – gebouwd, waarvan een aantal alweer is afgebroken. Wij noemen er enkele. In 1877 werd de Willibrorduskerk van architect Alfred Tepe aan de Minrebroedersstraat ingewijd. Die stond zo dicht bij de hervormde Janskerk dat er nog zorgelijk is gesproken over de mogelijkheid dat de roomse gezangen de protestantse preek zouden verstoren. De Willibrord heeft dienst gedaan tot 1967, stond toen enkele jaren leeg en wordt nu weer gebruikt voor diensten in de klassiek-roomse stijl en dus in het Latijn, die niet onder het gezag van de aartsbisschop vallen.

In 1901 werd de Martinuskerk, ook van de hand van Tepe, in gebruik genomen aan het einde van de Oudegracht naast het kerkje in de tuin van 'De swarte haen'. Dat kerkje werd in 1914 afgebroken. De nieuwe Martinus deed dienst tot 1974 toen de parochie werd opgeheven. De kerk stond enige tijd leeg, maar werd enkele jaren geleden van binnen verbouwd tot een appartementengebouw.

Uit de periode tot aan de eerste decennia van deze eeuw, dateren de Antoniuskerk in de Kanaalstraat, de Gertrudiskerk in de rivierenwijk, de Aloysiuskerk aan de Adriaan van Ostadelaan en de Heilig Hartkerk in Oudwijk. Ook de grote Mariakerk aan de Biltstraat en de Monicakerk in Pijlsweerd, die beide zijn afgebroken.

Van de plaats waar nu het Catharijneconvent ligt tussen Nieuwe Gracht en Lange Nieuwstraat verhuisden in 1528 de paters karmelieten naar het Nicolaaskerkhof. Het karmelietenklooster werd ingenomen door de Johannieter ridders die uit hun klooster op het Catharijneveld, het huidige Vredenburg, waren gezet omdat op die plaats een vesting moest worden gebouwd. De hospitaalridders van Sint Jan breidden de kapel van de karmelieten uit tot wat nu de Catharinakerk aan de Lange Nieuwstraat is. Ook bouwden zij aan het klooster een gasthuis, lange tijd het enige ziekenhuis van de stad. De Catharinakerk is thans de kathedraal van de aartsbisschop van Utrecht. Zij is de enige kerk van vóór de reformatie waaruit de predikanten de prelaten niet

■ The northern gallery of the Domkerk's sanctuary; hardly anyone comes here because no one needs to come here, but we can picture in our minds a monk or Prelate of the Middle Ages finding the peace and quiet he needed for saying his office or his meditative prayers.

■ De noorderomgang van het hoogkoor in de Domkerk. Haast nooit komt er iemand omdat niemand er iets heeft te zoeken. Wij kunnen ons voorstellen hoe in de middeleeuwen één van de kanunniken of prelaten hier de rust vond voor meditatie of breviergebed.

■ The Domkerk organ is visually and orally worthwhile. It was built by the Bätz firm of organ builders, which was establised in Utrecht in the 18th century, and has produced several generations of organ builders since then. The organ consist of 3698 pipes, of which 1013 were already used in the Renaissance organ of 1570. The Domkerk has known many great organists in its time, including Richard Nol, Johan Wagenaar and Hendrik Bos. The latter was succeeded in 1937 by the then 21 year old Stoffel van Viegen, who remained the cathedral's chief organist for nearly fifty years.

■ Het orgel van de Domkerk is zowel om naar te kijken als om naar te luisteren. Het orgel is in 1831 gebouwd door de firma Bätz, die zich in de achttiende eeuw in Utrecht had gevestigd en generaties orgelbouwers heeft voortgebracht. Het orgel bestaat uit 3698 pijpen, waarvan er 1013 afkomstig zijn uit het oorspronkelijke renaissance-orgel uit 1570. De Domkerk heeft grote organisten gekend. Richard Hol, Johan Wagenaar en Hendrik Bos. Bos werd in 1937 opgevolgd door de toen 21-jarige Stoffel van Viegen, die bijna vijftig jaar organist van de Domkerk zou blijven.

■ The Domtoren (cathedral tower) and the cathedral itself, viewed from the Malie Hotel in the east, and providing an unimpeded view of the collapsed central nave. A clear illustration of how the church and the tower rise above the surrounding buildings. To the left and right of the tower, the new Railway Headquarters (HGB 4) and the tower of the Buurkerk struggle to compete with the Dom to establish their own identity.

■ De Domtoren en -kerk recht vanuit het oosten gezien. Vanaf deze plaats mist u ook het ingestorte middenschip niet. U ziet hoe hoog kerk en toren boven de bebouwing uitsteken. Links en rechts van de toren doen het nieuwe hoofdgebouw van de Spoorwegen (HGB 4) en de toren van de Buurkerk moeite om zich te manifesteren.

after which it remained empty for a few years and is now used for traditional pre-Vatican II Catholic services, i.e. in Latin, and outside the authority of the Archbishop. Tepe also designed the Martinuskerk at the end of the Oudegracht near the chapel in the garden of 'De swarte haen'; it opened its doors for the first time in 1901 and closed them again in 1974, when the parish was disbanded. The building stood empty for some time, but was finally subjected to a total internal reconstruction and conversion into apartments.

The Antoniuskerk in Kanaalstraat, the Gertrudiskerk in the Rivierenwijk (Rivers district), the Aloysiuskerk in Adriaan van Ostadelaan and the Heilig Hartkerk (Sacred Heart Church) in Oudwijk, all date from the period between the late 19th century and the first decades of the 20th century, as did the large Mariakerk in Biltstraat and the Monicakerk in Pijlsweerd, neither of which now exist.

In 1528, the Carmelite Fathers moved from where the Catharijneconvent now stands, between the Nieuwe Gracht and Lange Nieuwstraat, to the Nicolaaskerkhof. The Carmelite monastery was taken over by the 'Johannieter Ridders' (Knights of St. John) who were forced to vacate their monastery in Catharijneveld, the present Vredenburg, and make way for the construction of a fortress. The Knight Hospitallers extended the Carmelite chapel to what it has now become, namely the Catharinakerk in Lange Nieuwstraat. The convent was expanded by the addition of a hospice which for a long time was the only hospital in the city. The Catharinakerk has become the cathedral of the Archbishop of Utrecht and is the only pre-Reformation church from which the Protestant preachers did not completely banish the Catholic Prelates.

The monasteries and convents, sometimes comprising huge properties with squares, cemeteries or gardens, have done much to make the map of Utrecht what it is, although the empty spaces have gradually been filled. It is for this reason that Utrecht's city centre is sometimes called 'a Medieval map comprising 17th century houses'. Many a modern facade 'hides' a century-old building behind it. Later developments have done little to change the face of the city centre. Strife and war have caused much human suffering in Utrecht through the centuries, but its image has not suffered in consequence.

voorgoed hebben verdreven. De ligging van kerken en kloosters, soms met grote eigendommen als pleinen, kerkhoven of tuinen daaromheen, heeft de plattegrond van de stad Utrecht bepaald. Geleidelijk aan werden die lege plekken volgebouwd.

Daarom wordt de binnenstad van Utrecht wel eens 'een middeleeuwse plattegrond bebouwd met zeventiende eeuwse huizen' genoemd. Achter veel moderne gevels staan nog eeuwenoude panden. Latere ontwikkelingen hebben op de wording van de binnenstad nauwelijks invloed gehad. Strijd en oorlog hebben ook in Utrecht dikwijls veel menselijk leed veroorzaakt, maar het beeld van Utrecht heeft daaronder niet geleden.

■ Social housing is not an invention of modern times. In the past, wealthy people built homes for the poor, rent-free. They were minute dwellings, terraced or around a square, devoid of privacy, and they were still being built in the last century. Many of them have since been demolished, whilst others have been restored and are still being occupied.

■ Sociale woningbouw is geen uitvinding van deze tijd. Al in het verre verleden lieten welgestelde mensen woningen bouwen waar armen gratis mochten wonen. Het waren piepkleine huisjes in een rijtje of rondom een pleintje, zonder privacy. Nog in de vorige eeuw werden zulke hofjes gebouwd. Veel ervan zijn gesloopt. Andere zijn gerestaureerd en worden nog steeds bewoond.

UTRECHT, CITY WITH A GREEN HEART

The life of a human being is often compared to the passing of the seasons. The spring of youth, the summer of adulthood, the autumn of old age and the winter of death.

It is sometimes said that people in the countryside are closer to real life, because they follow the changing seasons from close by and see how animals and plants respond to them. This may be true, but anyone who really has an eye for these things can also experience the passing of the seasons in a city like Utrecht. There are many green areas in the city, not only in the parks, but also on its bulwarks, and along its canals. The park which was laid-out by the landscape architect Jan David Zocher Jr. in the last century along the inner circle of the canals where the ruins of the city wall once stood, is three kilometres long. Anyone walking from the Bartholomeïbrug (bridge) along the Catharijnesingel (canal), the Tolsteegsingel and the Maliesingel right up to the Lucas Bolwerk, will see every shade of green in springtime, all the colours of the palette in summer, brown in all its gradations in the autumn and the bare grey trees of winter. And the same is repeated in various places throughout the city where nature bursts through stone and brick. And this is no exaggeration, witness the fact that it was only a few years ago that a young biologist defended her Ph.D. thesis on the subject of 'Flora on the wharfs of Utrecht', while to the casual passer-by the word 'wharf' conjures up an image exclusively of stone.

Utrecht is very green; the parks of course, such as the Wilhelminapark which was the first city park of its kind in Utrecht, spring immediately to mind. It was laid-out to a design by H. Copijn and was opened in 1898. It was only a matter of days after the opening, however, before someone complained in the newspaper about the cyclists racing wildly through it. Voices were raised in protest on the grounds that it would have been far better to have created the park in one of the working class areas of the city, where it would contribute to the local people becoming good citizens. Others felt it was somewhat remote, on the edge of the city like that. One worried citizen wondered: 'Who would ever think of sending a servant to the city from there?' Villas and expensive mansions were built around the park in the early days and were later followed by extensive housing estates.

District C once had the Oranjepark, but this disappeared in 1939 in order to make room for through traffic. There was, and there still is, the Moreelsepark

UTRECHT, STAD MET EEN GROEN HART

Het leven van een mens wordt wel vergeleken met de loop van de jaargetijden. De lente van de jeugd, de zomer van het volwassen zijn, de herfst van de ouderdom en de winter van de dood.

Er wordt wel eens gezegd dat de mensen op het platteland dichter bij het leven staan omdat zij de wisseling van de seizoenen van dichterbij meemaken en zien hoe dieren en planten daarop reageren. Het mag waar zijn, maar wie er oog voor heeft, ziet ook in een stad als Utrecht wel degelijk hoe de seizoenen verglijden. De stad heeft veel groen, niet alleen in zijn parken, maar ook in zijn bolwerken, langs zijn grachten en singels. Het park dat tuinarchitect Jan David Zocher jr. in de vorige eeuw heeft aangelegd langs de binnenkant van de singels op de plaats van de afgebroken stadsmuur is drie kilometer lang. Vanaf de Bartholomeïbrug langs de Catharijnesingel, de Tolsteegsingel en de Maliesingel tot aan het Lucas Bolwerk ziet de wandelaar alle schakeringen groen in de lente, alle kleuren van het palet in de zomer, alle bruintinten in de herfst en de kale bomen in de winter. Diezelfde ervaring kan hij overigens opdoen op allerlei plaatsen waar de natuur door de stenen heenbreekt. Dat is geen overdrijving. In Utrecht is enkele jaren geleden een biologe gepromoveerd op een proefschrift over de flora op de Utrechtse werven, terwijl de oppervlakkige beschouwer bij werven alleen maar denkt aan steen.

Utrecht heeft veel groen. De parken springen daarbij direct in het oog. Het Wilhelminapark was het eerste grote stadspark in Utrecht. Het is aangelegd naar een ontwerp van H. Copijn en geopend in 1898. Al een paar dagen na de opening klaagde iemand in de krant over de fietsers die er als dollen doorheen joegen. Er werd ook geklaagd dat het park veel beter in de buurt van een arbeiderswijk had kunnen liggen. Daar zou het bijdragen aan de vorming van deze mensen tot goede burgers. Men vond het ook nogal afgelegen, zo aan de rand van de stad. 'Wie zal vandaar 's avonds een dienstbode naar de stad sturen?' vroeg een bezorgd burger zich af. Rondom het park verrezen eerst villa's en dure herenhuizen en later uitgebreide woonwijken.

Wijk C kende vroeger het Oranjepark maar dat is in 1939 gerooid omdat er meer ruimte moest komen voor doorgaand verkeer! Er was en is in de stad nog steeds het Moreelsepark, dat gedeeltelijk is bebouwd met gebouwen van de Nederlandse Spoorwegen. Het Julianapark aan de Amsterdamsestraatweg was oorspronkelijk privé-eigendom van de bankier H.F. Kol van Ouwerkerk en werd naar hem in de volksmond het 'park van Kol' genoemd. Kol liet het

■ *In 1887, the City Council acquired for a relatively small sum, an area on the outskirts of the city known as Oudwijkerveld. The seller made the condition that it should be used to create a park; it was completed in 1898 and named in honour of Queen Wilhelmina who was crowned in that year.*

■ *In 1887 kocht de gemeente voor betrekkelijk weinig geld een terrein aan de stadsrand, het Oudwijkerveld. De verkoper stelde als voorwaarde dat er een park zou worden aangelegd. Het kwam gereed in 1898 en werd genoemd naar koningin Wilhelmina die in dat jaar werd ingehuldigd.*

■ *In 1888 the City Council bought boerderij (farm) Hogeland together with the 8 hectare stretch of land on which it stood. The land was used to build mansions and villas and for the creation of a park on the edge of the new Wilhelminapark. The City Museum was housed here from 1889 to 1919, after which it served for many years as the offices and museum of the Staatsbosbeheer (National Forestry Council) who in 1932 added another floor to it.*

■ *In 1888 kocht de gemeente boerderij Hogeland, met het bijbehorende landgoed van ruim 8 hectare. De grond werd gebruikt voor de bouw van herenhuizen en villa's en voor parkaanleg aan de rand van het nieuwe Wilhelminapark. Van 1889 tot 1919 was het Gemeentelijk Museum er gevestigd. Daarna was het jarenlang kantoor en museum van Staatbosbeheer, dat er in 1932 een verdieping aan toevoegde.*

Until 1830, most of the dead were buried in the churches or the graveyards adjacent to them. It was forbidden by law in 1800, but for various reasons the practice continued for some time. In Utrecht, the Jewish community had constructed its own cemetery near the Rode Brug (Red Bridge). The First Public Cemetery, 'Soestbergen', was opened on 15 May 1830 in Gansstraat, having taken the name of the Soestbergen private estate which is incorporated into it. The architect, J.D. Zocher, designed it as a park with winding paths, with the so-called 'rotonde' (rotunda) in the middle. This mound comprises a monument surrounded by two brick enclosure walls, with vaults behind them. This picture shows part of the ring walls.

Tot 1830 werden de meeste doden begraven in de kerken of op een kerkhof in de directe omgeving van de kerk. Dat was al omstreeks 1800 verboden, maar om verscheidene redenen ging het gewoon door. In Utrecht had de joodse gemeente een eigen begraafplaats aangelegd bij de Rode Brug. Op 15 mei 1830 werd aan de Gansstraat de Eerste Algemeene Begraafplaats Soestbergen geopend. Ze is genoemd naar het landgoed Soestbergen dat in het terrein is opgenomen. Architect J.D. Zocher ontwierp de plattegrond als een park met slingerpaden. Het middelpunt van de begraafplaats is de zogenaamde rotonde. Deze grafheuvel omvat een monument dat is omgeven door twee ringmuren van baksteen waarachter grafkelders liggen, bestemd voor de graven van de familie die voorheen rechten hadden om in kerken te worden begraven. Op deze foto een deel van de ringmuren.

◁ ■ The park around the old water tower in Overvecht.

■ Het park rond de oude watertoren in Overvecht.

around which the Netherlands Railway Authorities have built their offices. The Julianapark on the Amsterdamsestraatweg (street/way) was originally the private possession of the banker H.F. Kol van Ouwerkerk – the local people calling it 'Kol's park' – who bequeathed it to the City Council who then gave it the name Julianapark. In 1937, the park was given its first pavilion and tea-house at the spot where a restaurant still stands today.

Early town-planning always allowed for the provision of parkland, right from the start, and in consequence we have the parks known as: 'Oog in al', 'Transwijk' on the Kanaleneiland (canals island), Beatrixpark and 'De Koppel' in the suburb of Lunetten, 'Bloeyendael' in Rijnsweerd, 'De Gagel' in Overvecht, the parkland around the water tower and 'De Vechtzoom' near Overvecht Hospital. There are a number of smaller public gardens throughout the city, such as the Rosarium near the Stolberglaan (lane) and the Camminghaplantsoen (public garden). And the city also has a large number of green sports grounds to its credit.

Other Areas of green and quietness which might not spring so readily to mind, are the cemeteries. In former times, people were buried in and around the churches, but the practice was forbidden from the beginning of the last century, because it was felt to be unhealthy. Cemeteries, such as 'Soestbergen', 'Kovelswade' in the Gansstraat, and the 'Tolsteeg' just behind it in the Houtensepad (path), were then placed at the edges of the city. The fact that a prison had been built opposite the cemeteries in the Gansstraat has earned the area the name 'the lazy end': on one side they are sitting down and on the other side they are lying down. The city's fourth public cemetery and crematorium, the 'Daelwijck', was built at the north western point of Overvecht; the Roman Catholic St. Barbara cemetery is in the Prinsesselaan north of the Wilhelminapark and there is a Jewish cemetery on the edge of the River Vecht in the Jagerskade (quay). These are undoubtedly places where one can find peace and quiet, and watch the changing seasons and reflect on the meaning of life.

Rituals surrounding death and burial are fairly sober in The Netherlands; there is little difference between a rich man's and a poor man's funeral these days, although the situation was very different in the past. Funeral guests were treated to huge meals which sometimes cost more than the next of kin could afford. The wealthy made their last earthly journey in a long procession of carriages accompanied by men carrying flares or burning torches, whilst the poor were carried to the graveyard by their neighbours. Today it's a hearse

park na aan de gemeente Utrecht die het Julianapark noemde. In 1937 werd in het park het paviljoen met het theehuis geopend op de plaats waar nu nog een restaurant staat.

In latere stadsuitbreidingen werd van meet af aan in parkaanleg voorzien. Zo kennen wij de parken 'Oog in al', 'Transwijk' op het Kanaleneiland, het Beatrixpark en 'De Koppel' op Lunetten, 'Bloeyendael' op Rijnsweerd en op Overvecht 'De Gagel', het park rond de watertoren en 'De Vechtzoom' bij het ziekenhuis Overvecht. Daarnaast zijn er nog tal van kleinere plantsoenen als bijvoorbeeld het Rosarium bij de Stolberglaan en het Camminghaplantsoen in Hoograven. De stad kent ook een groot aantal sportparken waar veel groen te vinden is.

Plaatsen van rust en groen waar men doorgaans minder snel aan denkt, zijn de begraafplaatsen. Aanvankelijk werden mensen in en rondom de kerken begraven. Maar in het begin van de vorige eeuw werd dat verboden, omdat men het ongezond vond. Er werden toen langs de stadsrand begraafplaatsen aangelegd. 'Soestbergen', 'Kovelswade' aan de Gansstraat en vlak daarachter 'Tolsteeg' aan het Houtensepad. Omdat tegenover de begraafplaatsen aan de Gansstraat ook het huis van bewaring ligt, noemen echte Utrechters dit stuk van de stad 'het lui eind': aan de ene kant zitten ze en aan de andere kant liggen ze. Op de noordwestpunt van Overvecht liggen de vierde algemene begraafplaats 'Daelwijck' en het crematorium met dezelfde naam. Aan de Prinsesselaan ten noorden van het Wilhelminapark ligt de R.K. begraafplaats Sint Barbara en er is een Joodse begraafplaats langs de Vecht aan de Jagerskade. Het zijn ongetwijfeld plaatsen waar men in alle rust de wisseling der seizoenen kan gadeslaan en nadenken over de zin van het menselijk bestaan.

De rituelen rond dood en begraven zijn in ons land redelijk sober. Er is ook niet zo'n groot verschil meer tussen de begrafenis van een rijke of een arme mens. Vroeger was dat anders. De begrafenisgasten werden onthaald op grote maaltijden die soms meer kostten dan de nabestaanden konden opbrengen. Een rijke ging zijn laatste gang in een stoet van rijtuigen omgeven door mannen met flambouwen of brandende toortsen, terwijl een arme door zijn buren naar het kerkhof werd gebracht. Tegenwoordig is het een lijkwagen met één of meer volgwagens. Een oude koetsier van de firma Schoonhoven-Buitendijk heeft ooit verteld dat de door paarden getrokken zwarte lijkwagen in het begin van deze eeuw naar het verlangen van de opdrachtgevers in de top kon worden voorzien van een kruis of van een gestileerde vlam. Er werd aan

■ In 1682, the Main Guard House – the seat of Utrecht's garrison commander – constructed against the west wall of the Janskerk was completed. Soldiers were stationed here to assist in combating fires and intervening in arguments between colleagues. The flower and plant market has been held in the Janskerkhof since 1837. It is one of the largest flower markets in the Netherlands, and draws countless visitors from home and abroad every Saturday of the year. Most of these visitors, however, pay little attention to the lovely gable of the old Main Guard House there.

■ In 1682 werd tegen de west-gevel van de Janskerk de Hoofdwacht voltooid, de zetel van de garnizoenscommandant van Utrecht. Er waren militairen gelegerd die bij brand hulp verleenden en ingrepen in ruzies waarbij collega's betrokken waren. Sinds 1837 wordt op het Janskerkhof de bloemen- en plantenmarkt gehouden. Het is een van de grootste bloemenmarkten van Nederland die elke zaterdag talloze bezoekers uit binnen- en buitenland aantrekt. De meesten schenken weinig aandacht aan de fraaie gevel van de oude Hoofdwacht.

with one or more funeral cars. An old coachman working for the Schoonhoven-Buitendijk firm, once explained that at the beginning of this century, the horse-drawn black hearse could, on request, be topped by a cross or a stylized flame. Relatives were asked if they wanted their loved-one to be buried 'under the cross' or 'under the flame'. The cross was, of course, the Christian symbol, while the flame was a more universal symbol of hope.

Funeral rituals have a distinct purpose; it is the start of the grieving process. Both believers and non-believers draw comfort and strength from them so that life can go on. Gravestones also tell us much about the deceased themselves and/or about their relatives. In some of the modern cemeteries, however, a degree of uniformity has crept in, with all the gravestones being more or less the same. But older graveyards are witness to a more varied and personal expression of grief and sorrow.

de familie gevraagd of iemand 'onder het kruis' of 'onder de vlam' begraven wilde worden. Het kruis was duidelijk het symbool van het christendom, terwijl de vlam een soort universeel symbool was van de hoop.

Rituelen rond een begrafenis hebben een functie. Het is het begin van de rouwverwerking van de nabestaanden. Zowel gelovigen als ongelovigen putten er moed uit om het eigen leven voort te zetten. Ook grafzerken vertellen ons veel over de dode en/of over de nabestaanden. Op sommige moderne begraafplaatsen heeft de uniformering toegeslagen en krijgt elke dode een zelfde grafsteen. Maar op oude kerkhoven en begraafplaatsen hebben rouw en verdriet de meest verschillende, persoonlijke vormen gekregen.

◁ p. 62-63

■ *In all the seasons of the year, the Nieuwegracht invites reflection and musing about days gone by.*

■ *De Nieuwegracht nodigt in elk jaargetijde uit tot mijmeringen over tijden toen alles nog anders was.*

■ The canals were for centuries important link-routes for the city. People from Utrecht's surrounding areas were brought in barges to the city markets. Businesses stocked, and despatched their products, per boat. Today, however, the Oudegracht in particular is a favourite place for pleasure boating. The Nieuwegracht still cherishes something of the old atmosphere so typical of Utrecht. The Catharijne-convent Museum is also to be found here, with its unique collection of religious art and artefacts.

■ De grachten waren eeuwenlang belangrijke verbindingswegen voor de stad. In schuiten werden goederen en passagiers uit omliggende plaatsen naar de markt ge voerd. Ondernemers werden over water bevoorraad en voerden hun produkten af in schepen. Tegenwoordig is vooral de Oudegracht geliefd bij veel waterrecreanten. Langs de Nieuwegracht wordt de sfeer van het oude Utrecht gekoesterd. Men vindt er onder meer het Museum Catharijne-convent dat een unieke collectie religieuze kunst herbergt.

UTRECHT, TRAFFIC HUB

Utrecht lies at the heart of The Netherlands, where roads and waterways meet, and for a long time they constituted the pivot on which north Netherland's cultural, economic and political life turned. Even when other cities had exceeded it in size and significance, Utrecht was still able to profit from its favourable location. The arrival of the first steam train – on 6 December 1843 – heralded a period in which the pace of travel from Utrecht to the rest of the world was increasing all the time.

Inland shipping on the rivers between Amsterdam and Germany, via Utrecht – the so-called Keulse Vaart – has always been of great importance. The stream of barges which travel between Amsterdam and the hinterland still provides all kinds of work for all kinds of people. Fortunately not as it used to be, when men and women desperate for even a small wage, literally pulled the sailing ships along the city's outer canal, the current 'singels' or city moats.

The journey between Amsterdam and the Rhine became increasingly difficult in the last century. Ships increased in size and steam-ships also arrived, making passage along the narrow, winding, River Vecht far from easy. There were countless obstacles to be overcome along the way, with 31 bridges and 7 locks, for which a lock-toll had to be paid, between Amsterdam and Gorinchem. But in 1892, the situation changed, when Queen Wilhelmina officially opened the Merwedekanaal on 4 August of that year. The hope was that it would improve the economic prosperity of the city, but alas steam and motor ships moved faster through the waters than the slow sailing ships of old, and were able to complete their journeys with fewer stops along the way. Many ships, therefore, simply by-passed Utrecht altogether, and it soon became apparent too that the locks were a serious hindrance to shipping. The increasing size of the ships, meant long waiting times at the locks. The canal was also fairly narrow so that ships could not easily pass each other, and 12 low bridges meant 12 large obstacles.

The opening on 21 May 1952 of the Amsterdam–Rijnkanaal which runs through 10 kilometres of the Utrecht territory, brought an end to these problems, and since then work has never ceased on this the busiest canal in Western Europe. The work includes adjusting the capacity of the locks to cope with the ever-increasing amount of shipping (more than 100,000 barges every year) and the ever-growing size of the push tugs using the inland waterways.

UTRECHT, VERKEERSCENTRUM

Utrecht ligt in het hart van Nederland, op een kruispunt van land- en waterwegen. Lange tijd was de stad mede daardoor het culturele, economische en politieke zwaartepunt van noordelijk Nederland. Ook toen andere steden Utrecht voorbij waren gestreefd in omvang en betekenis, bleef de stad profiteren van haar gunstige ligging. Met de komst van de eerste stoomtrein – op 6 december 1843 – begon een periode waarin de verbindingen tussen Utrecht en de rest van de wereld steeds sneller werden.

Vooral de scheepvaart over de rivieren tussen Amsterdam en Duitsland via Utrecht – de zogenaamde Keulse Vaart – is steeds van groot belang geweest. De stroom schepen die tussen Amsterdam met het achterland pendelen, bezorgt nog steeds op uiteenlopende wijze werk aan de burgers. Gelukkig niet meer op de manier die in de vorige eeuw nog voorkwam: armlastige mannen en vrouwen trokken toen de zeilschepen langs de stadsbuitengracht, de tegenwoordige singels.

In de vorige eeuw werd de tocht tussen Amsterdam en de Rijn steeds moeizamer. De schepen werden groter en er kwam stoomvaart. In de nauwe en bochtige Vecht konden ze niet gemakkelijk uit de voeten. De hinderpalen waren talrijk. Tussen Amsterdam en Gorinchem lagen 31 bruggen en 7 sluizen die tegen betaling werden bediend.

Maar in 1892 kwam daarin verandering. Op 4 augustus van dat jaar opende koningin Wilhelmina het Merwedekanaal. Men hoopte dat de economie van de stad hierdoor zou worden gestimuleerd. Maar stoom- en motorschepen voeren sneller dan de trage zeilschepen van weleer en konden hun tochten met minder tussenstops afleggen. Veel schippers voeren daarom Utrecht voorbij. Al gauw bleek dat de sluizen de scheepvaart ernstig hinderden. Doordat de schepen almaar groter werden, ontstonden lange wachttijden. Het kanaal was ook vrij smal, zodat schepen elkaar niet gemakkelijk konden passeren. En nog steeds vormden twaalf lage bruggen evenveel hindernissen.

Op 21 mei 1952 kwam er een einde aan de problemen met de opening van het Amsterdam–Rijnkanaal dat tien kilometer door Utrechts grondgebied loopt. Sedertdien is er nog veel aan dit drukst bevaren kanaal van West-Europa gesleuteld. Bijvoorbeeld om de capaciteit van de sluizen aan te passen aan de groeiende scheepvaart (ruim 100 000 binnenvaartschepen per jaar) en de steeds grotere duwcombinaties die de binnenwateren bevaren. Voor zondagsschippers en recreatievaart is het Amsterdam–Rijnkanaal minder geschikt.

▷

■ *Utrecht used to be in the grip of its canals. No one could enter or leave the city without crossing one of the bridges – which were always open, of course – or by means of a small shaky ferryboat. The City Council built several new bridges and widened existing ones in the last century. The Weerdbrug between the Oude-gracht and the Bemuurde Weerd – built in 1842 – was already replaced by a broader one in 1862, although in 1940 it was thought to have become superfluous and fell into disrepair. The Weerdbrug was later restored as far as possible to its original state.*

▷

- Weerdbrug detail.
- Détail van de Weerdbrug.

◁

- In het verleden werd Utrecht omkneld door de singels. Wie de stad in of uit wilde, moest over een brug – die natuurlijk altijd openstond – of in een wankel overzetpontje. In de vorige eeuw heeft het gemeentebestuur een aantal nieuwe bruggen aangelegd en bestaande verbreed. De Weerdbrug tussen de Oudegracht en de Bemuurde Weerd – gebouwd in 1842 – is al in 1862 door een bredere vervangen. In 1940 vond men dat de brug overbodig was geworden en raakte ze in verval. De Weerdbrug is later zoveel mogelijk in de oude staat hersteld.

■ At the station in Overvecht, the Netherlands Railway corporation invites passengers to go underground, and further on to climb from its depths to ground level once again. The station was designed by the architect C.M. Laboyrie-Hesen.

■ De Nederlandse Spoorwegen nodigen in station Overvecht de reizigers uit om hen ondergronds te volgen. Anderzijds bieden ze ook gelegenheid uit de diepte omhoog te klauteren. Het station is ontworpen door architect ir C.M. Laboyrie-Hesen.

The Amsterdam–Rijnkanaal is less suitable for Sunday sailers and recreational sailing, partly because of the amount of commercial shipping and also because of the considerable wash caused by the larger vessels.

If you look at the map of The Netherlands, you will see that the city of Utrecht seems to be sitting in the middle of a web of roadways. Work is constantly in progress here and many millions of cars have used the Oudenrijn clover-leaf since it was first constructed in the 1960s. A ring-road has been built on the northern edge of the city; after years of protest by various environmental action groups, part of the Amelisweerd forest was felled in 1982 to make space for the Rijksweg 27 (motorway).

An honourable successor to the electric tram – replaced in the course of time by the city buses – was the 'sneltram' which took to the streets in 1985. It still runs a quiet and efficient service to various suburbs and adjacent towns, but plans some years ago to extend its route to the University campus in De Uithof and to the nearby town of Zeist via the inner city, provoked enormous political tensions, so much so that the plans seem likely to have been shelved completely. There will now be a 'vrije busbaan' (bus only lane) instead of the tramline, effectively a tram lane without the overhead wires and rails, an investment costing hundreds of millions of guilders. The need for efficient and fast public transport is so great that the matter cannot be delayed any longer. Of essential importance is that there are not only a large number of advanced education institutes and faculties in De Uithof, but that it also has extremely important medical facilities, namely the Academic Hospital, the Wilhelmina Children's Hospital and the Central Military Hospital.

Despite the spectacular road traffic expansion, the importance of Utrecht as a railway junction is also on the up and up. In the second half of the last century, four different private railway companies laid a track to the city and some also built their own stations. Since then millions of people have made good use of this relatively cheap and fast means of travel. The railway companies stimulated the human desire to travel as early as the 19th century, by putting special trains into service for the purpose – to exhibitions, fairs, holiday destinations or festive events of all kinds. Locating their headquarters in the centre of the country, also made their work that much easier, and to this day Utrecht is still enjoying the benefits. The Maatschappij tot Exploitatie van Staatsspoorwegen (National Railway Operating Company) established its administrative building in Utrecht in 1871, and it still stands today as HGB I (Hoofdgebouw I = Main Building I), although various mergers with other

Onder andere doordat er veel beroepsvaart is en de grote schepen veel golfslag veroorzaken.

Wie op de kaart van Nederland kijkt, ziet hoe de stad Utrecht middenin een web van wegen ligt. Daar wordt nog voortdurend aan gewerkt, want sedert de jaren zestig hebben miljoenen auto's het klaverblad Oudenrijn gepasseerd. Langs de noordkant van de stad is een rondweg aangelegd. Ondanks jarenlange felle protestacties is in 1982 een deel van het bos van Amelisweerd gekapt om plaats te maken voor Rijksweg 27.

De elektrische tram – die in de loop van de jaren was vervangen door stadsbussen – heeft sinds 1985 een waardige opvolger gevonden in de Sneltram. Op gezette tijden suist deze door Utrecht, op weg naar buitenwijken en aanpalende gemeenten. Plannen om het railnet van dit vervoermiddel uit te breiden naar het Universiteitscentrum De Uithof en Zeist via de binnenstad hebben tot grote politieke spanningen geleid. Ze lijken van de baan. In plaats van een tramlijn komt er een 'vrije busbaan'. Dat is in feite een trambaan zonder bovenleidingen en rails. Hij vergt een investering van honderden miljoenen guldens. Maar de behoefte aan goed en snel openbaar vervoer laat uitstel niet toe. Van groot belang is ook dat in De Uithof behalve een aantal instituten voor Hoger Onderwijs ook belangrijke medische voorzieningen zijn gevestigd: het Academisch Ziekenhuis Utrecht, het Wilhelmina Kinderziekenhuis en het Centraal Militair Hospitaal.

Ondanks de spectaculaire groei van het autoverkeer, neemt ook de betekenis van Utrecht als knooppunt van spoorwegverkeer nog steeds toe. In de tweede helft van de vorige eeuw hebben vier particuliere spoorwegmaatschappijen een lijn naar de stad aangelegd. Een aantal heeft ook eigen stations gebouwd. Miljoenen hebben sindsdien gebruik gemaakt van deze betrekkelijk goedkope en snelle manier van reizen. De spoorwegmaatschappijen bevorderden al in de vorige eeuw de reislust door speciale treinen te laten rijden, bijvoorbeeld naar tentoonstellingen, kermissen, vakantiebestemmingen of feestelijke gebeurtenissen. Voor de spoorwegondernemingen was het gemakkelijk als hun hoofdkantoor op een centrale plaats in het land lag. Ook daarvan profiteert Utrecht tot op de dag van vandaag. In 1871 opende de Maatschappij tot Exploitatie van Staatsspoorwegen haar kantoorgebouw in Utrecht, dat nog steeds bekend staat als HGB I, HoofdGeBouw I. Door fusies van spoorwegmaatschappijen was het al gauw te klein en in 1893 begon de bouw van HGB II. In 1921 volgde HGB III en in 1990 namen de Nederlandse Spoorwegen HGB IV in gebruik. Deze bouwwerken symboliseren met hun

■ Old Utrechters have nostalgic memories of 'their' Central Station, demolished in 1978. The new station hall was ready for use in 1973, and is directly linked to Hoog Catharijne. Since then the station has undergone extensive renovations in order to meet the demands of the fast-growing influx of passengers and goods. In 1991 some 100,000 passengers passed through the station every day, and that number is expected to rise to 200,000 a day by the year 2015. The expansion of the railway network confirms Utrecht as the commuting heart of the Netherlands.

■ Oude Utrechters denken met weemoed terug aan hun Centraal Station dat in 1978 is afgebroken. De nieuwe stationshal is in 1973 in gebruik genomen, aansluitend op Hoog Catharijne. Er is sedertdien veel en grondig verbouwd om het station aan te passen aan de eisen die de snel groeiende stromen reizigers en goederen stellen. In 1991 waren er 100 000 in-, uit- en overstappers per dag en de Nederlandse Spoorwegen verwachten er in 2015 200 000 per dag. De groei van de spoorwegen bewijst dat Utrecht verkeerscentrum is in het hart van Nederland.

◁ p. 72-73

■ Tranquility beside the Amsterdam–Rijnkanaal.

■ Rust langs het Amsterdam–Rijnkanaal.

railway companies soon made it too small, and in 1893 work began on HGB II, followed by HGB III in 1921, and by the Dutch Railways HGB IV in 1990. These imposing buildings all symbolize just how important the railway has been, and still is, for Utrecht. The new station, which is part of the overall Hoog Catharijne complex, handles millions of passengers every year.

The laying of railway tracks has also had a less desirable effect. It became apparent around the 1870s that the encircling network of steel rails stood in the way of further city expansion. Connections between the inner city and the suburbs were hampered by bridges, which were regularly opened to allow yet another ship to pass, plus the railway crossings which were sometimes closed to road traffic for half an hour or more. Even before the term 'tail-backs' became known, Utrecht had become very familiar with the concept of 'traffic jams' and 'traffic standstills'. The construction of costly tunnels and viaducts offered a solution, but demanded endless administrative consultation and 'red tape'.

The old stations have gone, apart from the Utrecht–Hilversum–Amsterdam line terminus in the Maliebaan, which was opened in 1874. It was given a new function in 1953/54 and as the current Museum van de Nederlandse Spoorwegen (National Railway Museum) it still draws thousands of visitors every year.

The invention of the internal combustion engine and the electric motor, have of course brought enormous changes to the concept of travel. Until the Second World War, motor vessels offered fast and reliable opportunities for travel and transportation, in comparison with the sailing ships and the steamships. But competition was lurking around the corner; the railway and, since 1900, the growing number of cars too, claimed a considerable proportion of the goods transportation sector and practically all passenger transportation. Traffic in and around the city, became a real problem with the massive influx of privately owned cars in the early 1960s. Access to the inner city became very difficult and parking constituted a serious problem.

The city boundaries were adjusted in 1954 and work on large-scale plans could finally begin. New suburbs (Kanaleneiland, Overvecht, Rijnsweerd and Lunetten) developed and signs of a total reconstruction of the inner city began to emerge on the drawing-boards. If the planners were to have their way, it was the shops and offices in the old city centre which would determine its character, and in order to make them accessible, large parts of the city would have to be razed to the ground. Dissenters were told that they would

imposante vormen de betekenis die de spoorwegen nog steeds voor Utrecht hebben. Het nieuwe station – dat deel uitmaakt van Hoog Catharijne – verwerkt jaarlijks miljoenen reizigers.

De aanleg van spoorwegen heeft voor de stad ook een minder gewenst effect gehad. Omstreeks 1870 was Utrecht omkneld door een ring van stalen rails die uitbreiding van de stad hinderde. De verbindingen tussen de binnenstad en de buitenwijken werden bemoeilijkt door bruggen – die telkens openstonden als er weer een schip moest passeren – en spoorwegovergangen – die soms wel een half uur achtereen gesloten waren. Nog voordat het woord werd gebruikt, kende men in en rondom Utrecht hinderlijke files. De aanleg van dure tunnels en viaducten bood een oplossing maar vereiste eindeloos bestuurlijk overleg.

De oude stations zijn verdwenen, behalve het eindstation van de lijn Utrecht–Hilversum–Amsterdam aan de Maliebaan. Het is geopend in 1874. In 1953/54 kreeg het een andere bestemming die net als vroeger duizenden bezoekers trekt: het werd het Museum van de Nederlandse Spoorwegen.

De komst van de verbrandingsmotor en de elektromotor heeft grote veranderingen gebracht in het verkeer. Motorschepen boden tot na de Tweede Wereldoorlog een snelle en betrouwbare vervoersmogelijkheid, vergeleken met de zeil- en stoomschepen. Maar de concurrentie lag op de loer. De spoorwegen en sedert 1900 in toenemende mate auto's trokken een deel van het goederenvervoer en vrijwel alle personenvervoer naar zich toe. Toen na de jaren vijftig ook het aantal personenauto's massaal groeide, ontstonden rondom en in de stad pas echte verkeersproblemen. Het stadscentrum werd moeilijk bereikbaar en men had grote problemen er een parkeerplaats te vinden.

Na de grenscorrectie van 1954 kon eindelijk een begin worden gemaakt met grote plannen. Er ontstonden nieuwe wijken (Kanaleneiland, Overvecht, Rijnsweerd, Lunetten) en op de tekentafels groeide een totale herinrichting van het stadshart. In de oude binnenstad zouden – zo bedisselden de plannenmakers – winkels en kantoren de sfeer bepalen. Om het bereikbaar te maken, moesten grote delen van de stad tegen de vlakte. Mensen die bezwaren uitten, kregen te horen dat zij met hun tijd moesten meegaan en ermee ophouden van de stad een museum te willen maken. Dwars door en over de negentiende-eeuwse plantsoenen en de bolwerken zou een brede rondweg komen. Deze zou naar het centrum worden gehakt langs grote 'invalswegen'. De buitengracht moest in het belang van de doorstroming van het verkeer worden gedempt: het water werd dan toegevoegd aan 'het beschikbare

■ The new station hall. In former times the station provided only train tickets and departure and arrival information from a small ticket office. But today the traveller can satisfy all kinds of daily shopping needs at the station.

■ De nieuwe stationshal. Vroeger kocht men aan het station alleen kaartjes of kreeg men informatie over de treinenloop en dergelijke aan een smal loket. Tegenwoordig kan de reiziger op het station ook terecht voor een aantal dagelijkse 'boodschappen'.

◁ p. 76-77

■ The express tram at the Nedereindse bridge.

■ De sneltram bij de Nedereindse brug.

just have to move with the times and stop wanting to turn the city into a museum. A broad by-pass road would cut right across and through the 19th century public parks and the bulwarks, and would reach the centre via wide 'approach roads'. The outer canal would have to be filled-in in the interests of traffic flow, the authorities of the day announcing that what was once a waterway would then be added to 'the available traffic acreage'. High-rise buildings and ten storey blocks of flats would, they said, set the tone of the new Utrecht, but fortunately all these plans were ultimately abandoned.

In the 1920s, planners had already been looking at ways of improving Utrecht's traffic situation, in a time when there was little respect for the past and hardly anyone voiced objections to the opening-up, and thus the destruction, of large sections of the city. Initially, ideas like these could be translated into concrete action without meeting any great resistance from the citizenry. But all that changed when the term 'joint consultation' suddenly appeared on everyone's lips, and in 1970 the tide continued to turn. Other planners were using concepts such as attractiveness, variety, culture and recreational functions, which all contributed to many of Utrecht's historic treasures being saved from the hands of the demolition contractors. Abandoned and neglected hospitals, churches, factories and educational buildings were transformed into flats, and the inner city was revived by turning squares which had become parking areas, into places which motorists could enjoy in a different way. And some of the decisions made in the past are now being set into reverse; it seems, for instance, that within the foreseeable future the small piece of road for fast-flowing traffic through the city, which was once the canal on the Catharijnesingel, will again disappear under water. In the 1950s and 1960s, the inner city's accessibility became the main talking point. And now in the 1990s, the accent lies on how to prevent cars from entering the city centre. The inner city now has to be defended against the car, by making it car-free. Who knows, perhaps some day the lovely canals will no longer be encircled by rows of parked cars. It is all of great concern to local shopkeepers and businesses, because most people want to be able to drive right up to the entrance of the shop or business premises for their shopping needs or their business appointments. All businesses fear the moment when the slogan 'No Parking, No Business' becomes a terrible reality, certainly in bad weather; and despite Utrecht's eleven parking garages, retailers and businesses tremble at the thought of decreasing sales if no further measures are taken. The last word has yet to be spoken on this subject.

verkeersareaal' zei men toen. Hoogbouw en flats van wel tien verdiepingen zouden het karakter van het nieuwe Utrecht bepalen.

Gelukkig is het niet zover gekomen. Al in de jaren 1920 hebben plannenmakers zich over de mogelijkheid gebogen om de verkeerssituatie in Utrecht te verbeteren. Men had toen weinig eerbied voor het verleden en er waren nauwelijks mensen die bezwaar hadden tegen het open- en dus afbreken van forse stukken van de stad. Aanvankelijk konden zulke ideeën daarom zonder veel verzet van de burgerij worden uitgevoerd. Dat veranderde toen sedert de jaren zestig het woord 'inspraak' op ieders lippen kwam. In 1970 keerde het tij verder. Andere plannenmakers hanteerden begrippen zoals gezelligheid, afwisseling, cultuur en recreatieve functies. Daardoor konden veel van de historisch waardevolle gedeelten van de stad worden gespaard voor de slopershamer. In afgedankte ziekenhuizen, kerken en fabrieken en onderwijsgebouwen werden bijvoorbeeld appartementen gebouwd. Om de binnenstad te verlevendigen worden pleinen omgetoverd van parkeerplaatsen in lustoorden voor gezellig verkeer. En sommige beslissingen van toen worden teruggedraaid. Zo lijkt het erop dat het brokje snelweg dat als een unieke badkuip in de prachtige Catharijnesingel drijft, binnen afzienbare tijd weer onder water zal verdwijnen.

In de jaren vijftig en zestig was de toegankelijkheid van de binnenstad een centraal thema in de discussie. In de jaren negentig gaat het er meer om de auto uit de binnenstad te weren. Het stadscentrum moet 'autoluw' worden. Wie weet worden de fraaie grachten dan niet langer ontsierd door rijen geparkeerde auto's. Een en ander baart intussen de plaatselijke ondernemers grote zorgen. De meeste mensen willen immers met de auto voorrijden bij het bedrijf waar zij gaan winkelen of een zakelijke afspraak hebben. De ondernemers vrezen daarom dat de leuze No Parking, No Business realiteit wordt, zeker als het slecht weer is. Ondanks de elf parkeergarages die Utrecht telt, huiveren zij bij de gedachte dat hun omzet zal teruglopen als er geen andere maatregelen worden genomen. Het laatste woord is daarom nog niet gesproken over Utrecht als verkeerscentrum.

■ Office tower block complexes are rising on the edge of the city, such as here in Rijnsweerd, close to the motorway network. Unintentionally, perhaps, these giant constructions have taken over the role of the churches of the Middle Ages, pointing resolutely to the heavens, like the KPMG building shown here.

■ Langs de rand van de stad verrijzen torenhoge kantorenparken, zoals Rijnsweerd, vlakbij de verkeerswegen. Ongewild hebben hun gevels de functie overgenomen van de middeleeuwse kerken: ze wijzen onverbiddelijk naar de hemel, zoals op deze foto het KPMG gebouw.

UTRECHT, A CITY IN WHICH TO WORK

In the Middle Ages, and for a long time after, Utrecht was a bishopric of great importance to the spiritual salvation of the faithful in the wide vicinity. Church ministers and their helpers were also a source of income for local craftsmen, farmers and numerous others. The annual markets also enabled Utrecht to develop into a centre of trade. The markets used to be held in Domplein, later in the Mariaplaats (place), and later still the stalls and tents were spread over a large part of the city centre. There were originally just a few markets each year, and they were restricted exclusively to church festivals of various kinds. They drew great numbers of people to the city, thereby creating profitable business for the traders generally. At a later stage, the annual market was limited to a period of three weeks, simultaneously with the street fair which many people right up to the present century, regarded as the climax of the year. People came in their thousands to do their shopping in the city and to gape in wonder at the many street attractions, including acrobats and tight-rope walkers, musicians and jesters, conjurers and human oddities. They ate 'poffertjes' (tiny pancakes eaten with butter and icing sugar), watched the flea circus or the fattest woman in the world, and grumbled about the pick-pockets and the whores. The last century saw the arrival of the travelling photographer and – somewhat later – the first of the 'moving picture' tents, at these markets.

Devout citizens were already complaining centuries ago about the reckless behaviour and alcohol abuse of villagers especially. Aversion to this fairground exuberance increased in the last century. According to its opponents, Utrecht had become a godless centre of drunkenness and vice during the three weeks of the fair. But the city councillors decided again and again that the economic interests of the majority of the city's inhabitants carried more weight than the moral problems of the few. The fair remained until the First World War. It returned in part after 1945 in the shape of merry-go-rounds, fortune-tellers, dodgem cars and such like. They are but mere shadows of the folk festivals the annual markets used to be, albeit that the noisy excesses of those non-electronic amplifier days were a fraction of what they are today.

Apart from the annual market, Utrecht also had several other markets each selling its own particular speciality, such as pots and pans, grain, vegetables and fruit, potatoes, old iron, clothes, cattle, fish and much more besides.

Market days meant a hectic coming and going of carts and barges in and

UTRECHT, STAD OM TE WERKEN

In de middeleeuwen en lang daarna was Utrecht als bisschopsstad van groot belang voor het geestelijk heil van de gelovigen in de wijde omtrek. De geestelijken en hun helpers vormden ook een bron van inkomsten voor ambachtslieden, landbouwers en tal van anderen. Utrecht kon zich tot handelscentrum ontwikkelen door de jaarmarkten. Eerst vonden ze plaats op het Domplein, daarna op de Mariaplaats en nog later stonden de kraampjes en tenten verspreid over een groot deel van de binnenstad. Aanvankelijk werden er enkele jaarmarkten per jaar gehouden, aansluitend op kerkelijke festiviteiten. Dan kwamen er veel mensen naar de stad en daar konden de handelaars van profiteren. Later werd de jaarmarkt geconcentreerd in een periode van drie weken. Tegelijkertijd werd de kermis gehouden die tot in onze eeuw voor velen een hoogtepunt in het jaar was. Er stroomden dan drommen mensen naar de stad om inkopen te doen en zich te vergapen aan lieden van uiteenlopend allooi: kunstenmakers en koorddansers, muzikanten en narren, goochelaars en mismaakten. Zij aten poffertjes, bezochten het vlooientheater of de dikste vrouw van de wereld, klaagden over zakkenrollers en hozeren. In de vorige eeuw verschenen op de jaarmarktkermis reizende fotografen en – wat later – de eerste bioscooptenten.

Vrome burgers hebben eeuwen geleden al geklaagd over de uitspattingen en het drankmisbruik van vooral baldadige dorpelingen op de kermis. De afkeer van de kermislol groeide in de vorige eeuw. Volgens de klagers was Utrecht tijdens de kermisweken een goddeloos oord vol dronkenschap en ontucht. Maar het stadsbestuur besloot telkens weer de economische belangen van veel stedelingen zwaarder te laten wegen dan de morele problemen van enkelen. De kermis bleef bestaan tot de Eerste Wereldoorlog. Een deel van het kermisvermaak is na 1945 teruggekeerd: draaimolens, waarzeggers, botsauto's en dergelijke. Ze vormen een zwakke afschaduwing van de volksfeesten die jaarmarktkermissen vroeger waren, al was de lawaaioverlast in die tijd zonder elektronische versterkers een fractie van de huidige.

Behalve de jaarmarkt had Utrecht een flink aantal andere markten, elk met een eigen goederenaanbod. Daar verkocht men potten en pannen, graan, groenten en fruit, aardappelen, oud ijzer, kleding, vee, vis en wat al niet. Op marktdagen was het in en om Utrecht een gedrang van karren en schuiten waarin mensen en goederen werden aan- en afgevoerd. De markten brachten geld in het laatje van de stedelijke winkeliers en ambachtslieden. De mannen

■ Because Utrecht has a reputation as the administrative and service-rendering heart of the Netherlands, nobody will be surprised that the VSB Bank choose Utrecht as well as location for it's headquarters. The building is designed by architect Peter Vermeulen.

■ Omdat Utrecht bekend staat als het administratieve en dienstverlenende hart van Nederland, zal het geen verbazing wekken dat ook de VSB Bank haar hoofdkantoor in Utrecht vestigde. Het is een ontwerp van architect Peter Vermeulen.

■ Although the building itself has a certain sternness in the façade, the roofed entrance to the vsb Bank building displays a playful character.

■ Hoewel de façade van het gebouw een zekere gestrengheid vertoont, laat de overkapping van de ingang van de vsb Bank een speelser karakter zien.

■ The third National Railway administrative building, HGB III, was opened in 1921. It was designed by the architect, G.W. van Heukelom, and is situated in the former Nieuweroord park. The people of Utrecht very soon called it 'De Inktpot'.

■ In 1921 werd het derde administratiegebouw van de Staatsspoorwegen geopend, HGB III. Het is ontworpen door architect G.W. van Heukelom en ligt in het voormalige park Nieuweroord. In de volksmond werd het gebouw al gauw aangeduid als 'De Inktpot'.

around Utrecht, all carrying people and goods to and from the market. The markets were also a useful source of income for the city's own shopkeepers and craftsmen. Men and women came from the surrounding villages to sell their wares in the Utrecht market, and spent their money in the shops buying all kinds of articles not available 'at home'.

Markets all over the city centre and a number of shopping complexes still draw the crowds today, and sometimes it feels as if one is almost being 'carried' along on the wave of an endless and colourful mass of people. The flower market in the Janskerkhof (graveyard) is a big attraction every Saturday of the year.

There were relatively few shops in Utrecht until well into the last century. People did their shopping in the market or from hawkers selling such things as vegetables and fish from house to house. In 1881, a cattle farmer was still advertising the fact that he would bring a cow to any customer desiring really fresh milk. A shop was often the craftsman's workshop where people could also buy his products. The butcher slaughtered his own meat, the baker baked his own bread in the night-time hours, and the tailor sold only made-to-measure clothes, until ready-to-wear clothing became customary at the end of the 19th century. People's buying behaviour changed somewhat in the last decades of the century, in response to an increasing population and greater affluence, followed by a corresponding demand for luxury goods. Daily requirements could be bought at the market or from the corner shop, where the assortment was limited, but people with more money to spend wanted a wider choice of articles and more luxury items. Improved travel facilities also made it easier for people to do their shopping in the city, and many shops responded by specialising in more expensive articles and delicacies, such as exotic fruits, and fashionable clothing.

There were some businesses which understood the new potential perfectly, and in Utrecht the most well-known and best example of this was the Winkel (shop) van Sinkel. Around 1806, its founder, W.A. Sinkel, had established a drapery shop in Amsterdam and in 1839 he opened a department store on the Oudegracht in Utrecht. His enterprise received a great deal of publicity at the time, when the city's old crane broke under the strain of hauling into place the four giant cast iron figures, which he had commissioned in England. They stand there still, representing Trade, Prudence, Shipping and Hope.

Sinkel sold goods which he had acquired cheaply, and the 'Winkel van Sinkel' became the store where one was sure to find a large and constantly

en vrouwen uit dorpen in de omgeving boden hun spullen te koop aan op de Utrechtse markt en kochten in de stad allerlei artikelen die 'thuis' niet te koop waren.

Verspreid over de binnenstad en een aantal winkelcentra in andere wijken, trekken markten nog steeds hun bezoekers. Vaak wordt men er als het ware meegedragen door een onafzienbare en veelkleurige menigte. Vooral de bloemenmarkt op het Janskerkhof trekt elke zaterdag talloze bezoekers.

Tot ver in de vorige eeuw waren er betrekkelijk weinig winkels in Utrecht. Men kocht op de markt of bij een leverancier die goederen langs de deuren uitventte: de groenteboer, de visventer. Nog in 1881 adverteerde een melkboer dat hij desgewenst met een koe langs kwam bij klanten die werkelijk verse melk wilden. Een winkel was vaak de werkplaats van de ambachtsman waar men goederen wilde kopen. De slager slachtte zelf, de bakker bakte 's nachts brood, de kleermaker verkocht uitsluitend maatkleding totdat laat in de vorige eeuw confectiekleding bekend werd.

Het 'koopgedrag' van de burgers veranderde in de laatste decennia van de eeuw, toen de bevolking groeide en de mensen bovendien meer te besteden kregen. Daardoor nam de vraag naar luxe produkten toe. Voor de dagelijkse artikelen bleef men naar de markt gaan of naar de kruidenier op de hoek. Daar verkocht men een beperkt assortiment. Mensen die meer geld te verteren hadden, wilden kiezen uit een aantal artikelen en hadden behoefte aan luxe goederen. Door de betere verkeersverbindingen was het ook steeds gemakkelijker geworden om in de stad te gaan winkelen. Een aantal ondernemers specialiseerde zich daarom in de handel in duurdere artikelen en delicatessen, zoals zuidvruchten en kleding.

Er waren ondernemers die de nieuwe mogelijkheden goed begrepen. In Utrecht is het bekendste en eerste voorbeeld daarvan de Winkel van Sinkel. De stichter, W.A. Sinkel, had omstreeks 1806 een manufacturenwinkel gesticht in Amsterdam. In 1839 opende hij een warenhuis aan de Oudegracht in Utrecht. Zijn onderneming had toen al grote publiciteit gekregen doordat de oude stadskraan was gebroken bij het ophijsen van de vier reusachtige gietijzeren beelden die hij in Engeland had laten maken. Ze staan er nog steeds en stellen de Handel, de Voorzichtigheid, de Zeevaart en de Hoop voor.

Sinkel verkocht partijen goederen die hij voor een goede prijs had weten in te slaan. Daardoor kon men in de Winkel van Sinkel terecht voor een groot en voortdurend wisselend assortiment artikelen. Nog jaren nadat het bedrijf was verdwenen, zong men in Nederland: 'In de winkel van Sinkel is van alles te

■ *In 1917 a number of Dutch companies organised a trade fair. They hoped in this way to find a means of compensating the drop in exports as a result of the First World War. It was a great success and since then the Koninklijke Nederlandse Jaarbeurs (Royal Dutch Trade Fair Centre) has become one of Utrecht's largest employers. New buildings are being constructed all the time, such as here along the Merwede-kanaal.*

■ *In 1917 organiseerde een aantal Nederlandse onderne-mers een jaarbeurs. Zij hoop-ten op die manier compensatie te vinden voor het verlies aan export dat de Eerste Wereld-oorlog veroorzaakte. Het bleek een groot succes en sedertdien is de Koninklijke Nederlandse Jaarbeurs uitgegroeid tot een van de grootste werkgevers van Utrecht. Telkens verrijzen nieuwe gebouwen, zoals hier langs het Merwedekanaal.*

■ The Trade Centre's Prins van Oranjehal (Prince of Orange Hall) can cater for large gatherings, with a seating capacity of 22,000. In 1995 the Trade Centre also became the venue for the 56th World Seventh Day Adventists Congress, with its 50,000 delegates.

■ In de Prins van Oranjehal van de Koninklijke Nederlandse Jaarbeurs is plaats voor massabijeenkomsten: er zijn ruim 22 000 zitplaatsen. In 1995 stond de Jaarbeurs tien dagen in het teken van het zesenvijftigste wereldcongres van de Zevendedagsadventisten. Er waren 50 000 deelnemers.

An extensive office complex has been developed around the Central Station with the Trade Fair buildings as its centre. High-rise flats now stand on the spot where until 1990 the Hojelkazerne (Hojel Barracks) was situated. It has been estimated that – within the immediate vicinity of the Central Station – more than 700,000 m² of office space will be required. Opponents fear another 'Manhattan', whilst the planners are much more optimistic. Utrecht is likely to become even more of a service centre for the whole of the Netherlands.

Met de Koninklijke Nederlandse Jaarbeurs als centrum verrijst bij het Centraal Station een uitgebreid kantorencomplex. Op de plaats waar tot 1990 de Hojelkazerne lag, staan hoge torenflats. Men heeft berekend dat er – zo vlakbij het Centraal Station – behoefte zal zijn aan meer dan 700 000 m² kantoorruimte extra. Tegenstanders klaagden dat er een 'Manhattan' zou ontstaan. Plannenmakers zijn optimistischer. Utrecht zal meer nog dan tot nu toe dienstencentrum voor Nederland worden.

changing assortment of articles. Years after the business disappeared, people in The Netherlands still sung: "In de winkel van Sinkel is van alles te koop, hoeden en petten en damescorsetten; drop om te snoepen en pillen om te poepen" ("Anything can be bought in Sinkel's shop, hats and caps and ladies corsets; liquorice sweets to gobble and laxative pills "). Unlike the other shopkeepers, Sinkel allowed no credit and every article had a fixed price. You simply paid the price stated on the tag, whereas in most of the shops at the time; customers bartered for a bargain price. It was also quite customary for the well-to-do not to pay in cash, and the shopkeeper or the craftsmen often had to wait a long time for his money, sometimes two or three years. This meant that he did not always have ready cash available and eventually found himself in debt to his suppliers. His only way of sustaining his income was to increase his prices. Sinkel, and those who followed in his footsteps, believed in selling large quantities of items at low prices, cash down.

The 'Winkel van Sinkel' ultimately closed, and in 1897 the building became a bank which it remained until 1994, when it again stood empty. Plans are being developed at present to turn it into a festival building.

More shops were established around the turn of the century, selling an assortment of mass-produced goods, and the sales assistants needed to know nothing whatsoever about the manufacturing processes. Just as in other parts of the country, the face of the high streets altered following the arrival of the large chain stores, and in 1949 a new wind of change blew in from across the seas: self-service. Armed with highly refined selling-techniques and 'flashy' advertising, the chain store retailers have done everything possible to draw new clients and buyers. And in their shadow, more and more people are looking to the smaller and more specialised shops, which radiate something of the reliable and familiar atmosphere of days gone by. The retail trade is an important employer in the city: more than 12,000 men and women earn their living in some 2600 retail businesses.

Since 1973, Utrecht has been known as the 'shopping heart of The Netherlands'; on 24 September of that year, Princess Beatrix, now Queen, officially opened the new 'Hoog Catharijne' shopping and office precinct. There had been considerable opposition to it, and many watched disapprovingly as the old station and a complete neighbourhood was demolished to make place for this colossus. The City Council, however, wanted to give the city centre a new lease of life by bringing to it a large number of shops and extensive office space. It was felt that Utrecht had become a very dull city. Its shopping public

koop, hoeden en petten en damescorsetten; drop om te snoepen en pillen om te poepen'. Anders dan zijn collega-winkeliers gaf Sinkel geen krediet en stond de prijs van elk artikel vast. Men betaalde het bedrag dat op het prijskaartje stond. In de meeste winkels was dat anders. De klanten probeerden daar op de prijs af te dingen. Het was bovendien gewoon dat de welgestelden niet contant betaalden. Vaak moest de winkelier of ambachtsman lang op zijn geld wachten, wel twee of drie jaar. Vandaar dat hij niet altijd over geld kon beschikken en dus in schulden raakte bij zijn leveranciers. Om nog iets te verdienen, moest hij hoge prijzen rekenen. Sinkel en zijn navolgers verkochten grote aantallen artikelen tegen contante betaling en lage prijzen.

De Winkel van Sinkel verdween en in 1897 kwam het gebouw in gebruik als kantoor van een bank. In 1994 verloor het ook die bestemming en kwam het leeg te staan. Intussen zijn plannen ontwikkeld om het te verbouwen tot festivalgebouw.

Omstreeks 1900 kwamen er meer winkels waar in de fabriek vervaardigde massagoederen werden verkocht en de verkopers niets meer behoefden te weten over het produktieproces. Net als overal elders in Nederland veranderde het beeld van de winkelstraten sterk door de komst van grootwinkelbedrijven en hun filialen. In 1949 waaide uit het buitenland opnieuw een grondige verandering over: de zelfbediening. Met uitgekiende verkoopmethoden en schetterende reclame proberen de winkelbedrijven klanten en kopers te lokken. In hun schaduw zoekt een toenemend aantal mensen een toevlucht in de kleinere en gespecialiseerde zaken, die iets uitstralen van de betrouwbare en vertrouwde sfeer van het verleden. De detailhandel is een belangrijke werkgever in de stad: in 2600 bedrijven werken ruim 12 000 mannen en vrouwen.

Sinds 1973 wordt Utrecht wel aangeduid als het 'winkelhart van Nederland'. Op 24 september van dat jaar opende prinses Beatrix het nieuwe gebouwencomplex Hoog Catharijne. Er was tegen de bouw luid geprotesteerd en actie gevoerd. Velen zagen met ergernis hoe het oude station en een hele woonwijk werden gesloopt om plaats te maken voor deze kolos. Maar het stadsbestuur wilde het stedelijk centrum nieuw leven inblazen door de komst van een groot aantal winkels en veel kantoorruimte. Het vond dat Utrecht een saaie stad was geworden. Het winkelend publiek had zijn aandacht verlegd naar omringende plaatsen zoals Zeist. Utrecht was nooit 'stad waar het rosse leven de zielen schroeit' en wie bruisende gezelligheid zocht, week vanouds uit naar de anonimiteit van Amsterdam. In Utrecht was 'de huiselijkheid heilig en het vertier derhalve niet groot. De stedemaagd sluimert niet, maar het is ook geen

■ The offices of the Rabobank and the Railway Main Building IV. Large-scale office accommodation near a station can do much to reduce motorway tail-backs.

■ Het kantoor van de Rabobank en Hoofdgebouw IV van de Nederlandse Spoorwegen. Grote kantoren in de buurt van een station kunnen meehelpen aan het bestrijden van de files op de autowegen.

◁ p. 90-91

■ Oil storage tanks along the Amsterdam–Rijnkanaal, with the IBM office building in the background.

■ Olieopslagtanks langs het Amsterdam–Rijnkanaal met op de achtergrond het kantoorgebouw van IBM.

had turned its attention to places nearby, such as Zeist. Utrecht had never been a 'city where the good life burns the soul' and anyone wanting the hustle and bustle of city social life, had always found it in the anonymity of Amsterdam. Someone wrote around 1960 that in Utrecht 'home life was sacred and entertainment, therefore, in short supply. The patroness slumbers not, but neither is she a girl of bubbling temperament'. Hoog Catharijne was one of the means by which the City Council – working in conjunction with the Netherlands Railway authorities and the Koninklijke Jaarbeurs (Royal Dutch Trade Fair/Exhibition Centre) – would breath new life into the city.

Once Hoog Catharijne was in full swing, it became apparent that masses of people came to do their shopping there, the first modern shopping precinct of its kind in The Netherlands. Although the complex itself may not exactly be a candidate for a beauty contest, its economical importance is clearly evident from the fact that every year millions choose it as their base for a day's shopping, and may of them visit the shops in the old city centre as well. Work has been going on for some years, under the name of the Utrecht City Project, to bring Hoog Catharijne up-to-date in terms of accessibility and safety etc.

It is not trade alone which provides work for the people of Utrecht. In the last century, the city had developed into one of the country's largest civil service centres (currently employing 13,500 people), in addition to banking and insurance (with a joint work-force of 12,500). The Rabobank, the VSB Bank and the AMEV and REAAL insurance companies all have their headquarters in Utrecht. And they have been joined in recent years by organisations expert in the field of communication, such as Cap Volmac and IBM Nederland – which together employ some 5500 people. There were in fact a total of more than 15,000 business enterprises in Utrecht, in which 150,000 employees earned their daily bread; of this total, 62,000 worked in offices, almost 15,000 in education and many thousands more in the service industries.

One of the largest employers is the Koninklijke Jaarbeurs, which draws more than 3 million visitors a year to conferences, congresses, exhibitions, sport events or one of the hundred trade fairs, for both the specialists and the general public, held within its very extensive walls. Its history began during the First World War; in the face of drastically reduced exports, Dutch manufacturers set about boosting their national markets, and in 1917 they organised their first-ever – and highly successful – Trade Fair. The first foreign manufacturers made their appearance in 1920 and since then the Jaarbeurs has enjoyed almost non-stop expansion. Until not so long ago, Utrecht's

meiske van bruisend temperament,' schreef iemand omstreeks 1960. Hoog Catharijne was een van de middelen waarmee het gemeentebestuur – dat hierin samenwerkte met onder meer de Nederlandse Spoorwegen en de Jaarbeurs – de stad nieuw leven wilde inblazen.

Toen Hoog Catharijne eenmaal op volle toeren draaide, bleek dat tallozen in dit eerste moderne winkelcentrum van Nederland inkopen kwamen doen. Het complex mag dan volgens velen niet in aanmerking komen voor schoonheidsprijzen, de economische betekenis ervan komt duidelijk tot uitdrukking in het feit dat miljoenen het jaarlijks kiezen als basis voor een dag winkelen. Velen van hen bezoeken ook de winkels in het oude stadscentrum. Om Hoog Catharijne aan te passen aan nieuwe eisen van bereikbaarheid, veiligheid en dergelijke, werkt men al een aantal jaren aan de uitvoering van plannen die samen worden aangeduid als het Utrecht City Project.

Utrecht heeft niet alleen maar werkgelegenheid in de handel. In de vorige eeuw is de stad uitgegroeid tot een van de grootste centra voor het openbaar bestuur (waar nu 13 500 mensen werken), het bankwezen en het verzekeringsbedrijf (met samen 12 500 werknemers) in Nederland. Men vindt er de hoofdkantoren van onder meer de Rabobank, VSB, AMEV en REAAL. In onze jaren zijn daar bedrijven op het gebied van de communicatie bijgekomen – zoals Cap Volmac en IBM Nederland – die samen 5500 mensen in dienst hebben. In 1994 waren er in Utrecht in totaal ruim 15 000 ondernemingen waar 150 000 werknemers hun brood verdienden. Daarvan werkten er 62 000 op een kantoor, bijna 15 000 in het onderwijs en vele duizenden in de dienstensector.

Tot de grootste werkgevers behoort de Koninklijke Jaarbeurs. Ze trekt jaarlijks ruim 3 miljoen bezoekers voor vergaderingen, congressen, tentoonstellingen, sportwedstrijden of een van de 100 vak- en publieksbeurzen die in het uitgebreide gebouwencomplex plaatsvinden. De geschiedenis van deze onderneming begint in de Eerste Wereldoorlog. Doordat toen de afzet op het buitenland sterk terugliep, probeerden Nederlandse fabrikanten hun binnenlandse omzet te vergroten. Zij organiseerden in 1917 de eerste Jaarbeurs. Het bleek een succes te zijn. In 1920 verschenen er de eerste buitenlandse ondernemers en de Jaarbeurs begon toen aan een vrijwel ononderbroken groei.

Nog niet zo lang geleden werkten er duizenden mannen en vrouwen in de Utrechtse metaalnijverheid. Tot de bekendste bedrijven in die sector hoort de Munt. In vroeger jaren had elke stad zijn eigen muntbedrijf. Zo ook Utrecht, dat in 937 het recht kreeg voortaan eigen munten te slaan. Dat gebeurde aanvankelijk in een pand aan de Oudegracht, later in het oude Caeciliaklooster

■ *The monumental building on the corner of the Muntkade and Leidseweg is 'Het Nederlandse Munt-en Penningkabinet' (The Dutch Mint), which also houses 'The Dutch Coin and Medal Museum'. Above the entrance is the pious saying: 'Het geld hier uit metaal verkregen, zij nooit ten vloek doch steeds ten zegen' (May the money made here from metal, never be a curse but a blessing).*

■ *Op de hoek van de Muntkade en de Leidseweg ligt het monumentale gebouw van 'Het Nederlandse Munt-en Penningkabinet', waar ook 'Het Nederlands Muntmuseum' is gehuisvest. Boven de ingang staat de vrome spreuk 'Het geld hier uit metaal verkregen, zij nooit ten vloek doch steeds ten zegen'.*

■ For centuries it was the churches and windmills which gave the city its character. Windmills stood high on the embankments to catch as much wind as possible, and to reduce the chances of fire hazard. Wind (and water) mills were the most powerful sources of energy which set the machines in motion. The 'Rijn en Zon' was first built in 1745, dismantled in 1912-1913 and rebuilt in Adelaarstraat. Initially the mill was named 'Rijneson' after the millers Bernardus Sonnenbergh and Govert van Rhijn. The mill was severely damaged in a raging storm in 1949, and restoration was only completed in 1979. The mill's sails still turn regularly.

■ Eeuwenlang hebben kerken en molens het stadsbeeld bepaald. Molens stonden hoog op de wallen om zoveel mogelijk wind te vangen. Bovendien hoopte men zo het brandgevaar kleiner te maken. Wind- (en water)molens waren de krachtigste energiebronnen waarmee machines in werking werden gezet. De Rijn en Zon is in 1745 gebouwd en in 1912–13 gesloopt en aan de Adelaarstraat herbouwd. De molen heette aanvankelijk Rijneson, naar de molenaars Bernardus Sonnenbergh en Govert van Rhijn. In 1949 werd de molen tijdens een felle storm ernstig beschadigd. De restauratie was pas in 1979 gereed. De molen is nog steeds in gebruik.

■ In 1839 the trade merchant, Sinkel, opened his department store in Utrecht, and it soon became known as the 'Winkel van Sinkel' (Sinkel's Shop). People could buy all sorts of things there at low and set prices. Sinkel brought the iron female figures from England. The city's ancient loading crane broke under the strain of hauling one of the statues from a barge on the canal.

■ In 1839 opende handelaar Sinkel een warenhuis in Utrecht. Het werd al gauw bekend als de Winkel van Sinkel. Men kon er allerlei goederen kopen tegen vaste lage prijzen. Sinkel heeft de ijzeren vrouwenbeelden uit Engeland ingevoerd. De oeroude stadshijskraan brak af toen een van deze beelden uit een schuit op de gracht werd getakeld.

metal industry provided work for thousands of men and women. The most well known in this sector is 'de Munt' (the Mint). In fact in former times every city had its own mint and so it was in Utrecht, which was granted its minting rights in 937. The coins were first minted in old premises on the Oudegracht, and later in the former Caeciliaklooster (convent) in the Neude. In 1815, the Utrechtse Munt was promoted to Rijks (State) Munt, which from 1911 onwards was situated in the Leidseweg. The old building was then demolished to make way for the new post office in the Neude. Visitors can enjoy pancakes in the cellar of what was once the Munt building on the Oudegracht. The Munt was subsequently privatised in 1994, and became officially known as De Nederlandse Munt. Other and far larger metal industries have also existed in Utrecht, especially in the second half of the last century when this sector enjoyed its greatest period of expansion, thanks largely to the establishment of the railway construction yards. Other well known firms, such as Smulders, Hamburger and Jaffa also reaped rich harvests from this development. They manufactured other products too and exported them all over the world. People living in the vicinity of these factories, complained furiously about the inconvenience they caused, in terms of smoke, toxic fumes and metal particles rising into the air; vegetables rotted in the soil and cattle died from the polluting smoke.

The metal industry in Utrecht saw its greatest leap forward in 1915, when the Demka and Werkspoor industries established themselves in the village of Zuilen, on the outskirts of the city. Working class neighbourhoods developed, with streets bearing names which still recall the past: Vlampijpstraat (Fire Tube Street), Gieterijstraat (Foundry Street), etc. Zuilen became a part of Utrecht several years later, and it is still a neighbourhood with its own special character, even though the large metal industry employers have long since gone. In 1960 they employed some 15,000 men and women, but decline set in around 1970 in the wake of increasing foreign competition and automation. The industry has, however, not disappeared completely: approximately 2,500 people are still working in more than 100 metal-working firms in Utrecht.

Pollution from noise and stench is not an invention of our own times, and soil was polluted unheeded in the past. An infamous example in Utrecht was the Beenzwartfabriek, a factory in which animal bones were processed. Utrecht's old-timers can tell many an unappetizing story about this 'Benenkluif' (knuckle bone). Many smaller industries were also guilty at the time of seriously polluting both the soil and the air. And blacksmiths, tinkers,

aan de Neude. In 1815 werd de Utrechtse Munt gepromoveerd tot 's Rijks Munt die sedert 1911 aan de Leidseweg is gevestigd. Het oude pand is toen gesloopt voor de bouw van het postkantoor aan de Neude. In de kelder van het vroegere Muntgebouw kan men aan de Oudegracht nog pannekoeken eten. Intussen is de Munt in 1994 geprivatiseerd. De naam is toen veranderd in De Nederlandse Munt.

Er hebben ook andere, veel grotere metaalbedrijven in Utrecht gestaan. De groei in deze sector is in de tweede helft van de vorige eeuw begonnen. Een zeer belangrijke oorzaak was de vestiging van werkplaatsen van de spoorwegen. Bekende ondernemingen hebben daarvan meegeprofiteerd, zoals de firma's Smulders, Hamburger en Jaffa. Ze vervaardigden ook andere produkten en verkochten deze over de hele wereld. Omwonenden hebben heel wat afgeklaagd over de hinder die deze bedrijven veroorzaakten met hun rook, giftige dampen en metaaldeeltjes. Groenten bedierven op het land en het vee stierf door de vervuilende smook.

De grote sprong voorwaarts in de metaalnijverheid kwam omstreeks 1915. Toen vestigden zich Demka en Werkspoor in het dorp Zuilen, onder de rook van Utrecht. Daar ontstonden arbeiderswijken waar de straatnamen nog steeds herinneren aan het verleden: Vlampijpstraat, Gieterijstraat en dergelijke. Na een aantal jaren is Zuilen in Utrecht opgenomen. Het is nog steeds een wijk met een eigen karakter, al zijn de grote werkgevers in de metaalnijverheid verdwenen. In 1960 werkten er nog zo'n 15 000 mannen en vrouwen. Maar omstreeks 1970 begon de achteruitgang, als gevolg van onder meer buitenlandse concurrentie en automatisering. Toch is de metaalnijverheid niet geheel verdwenen: er werken nog steeds ongeveer 2500 mensen in meer dan 100 bedrijven in Utrecht.

Lawaai- en stankoverlast is geen uitvinding van onze tijd en ook de bodem is in het verleden onbekommerd vervuild. Berucht was de Beenzwartfabriek, een bedrijf waar beenderen werden verwerkt. Oudere Utrechters kunnen nog onsmakelijke verhalen vertellen over deze Benenkluif. Ook kleinere bedrijven uit die tijd hebben veel hinder veroorzaakt en bodem en lucht grondig verpest. Smeden, ketellappers, timmerlieden en nog veel meer ambachtslieden produceerden van vroeg tot laat geklop en gedreun. Bij het slachten slaagden slagers er niet altijd in het vee – en dan vooral varkens – tijdig het zwijgen op te leggen. Het bloed lieten zij in de straatgoot weglopen en slachtafval verdween op mesthopen die her en der in de stad walmden. Ondanks verbodsbepalingen van de overheid loosden veel ondernemers vervuild afvalwater in

which also served as the city's prison. The drunken prisoners used to make so much noise in the evenings that neighbouring residents complained about it. The Groot and Klein Lichtenberg houses stood next to the Hasenberg. It was quite common to live in two adjacent houses in the Middle Ages. The City Hall was given its neo-classical facade around 1825. The houses next to it – Het Keyserrijck, De Ster, Leeuwensteyn, Nyenborch and De Gulden Arent – were also incorporated into the City Hall in the course of time.

■ In de middeleeuwen vergaderde het stadsbestuur in het huis Hasenberg. Lange tijd was in dit huis ook de stedelijke gevangenis ondergebracht. Naast Hasenberg lagen Groot en Klein Lichtenberg. In de middeleeuwen gebeurde het vaker dat men twee huizen naast elkaar bewoonde. Omstreeks 1825 kreeg het stadhuis zijn neoklassieke gevel. In de loop van de tijd zijn ook de huizen ernaast bij het gemeentehuis getrokken: Het Keyserrijck, De Ster, Leeuwensteyn, Nyenborch en De Gulden Arent.

■ The city councillors of the Middle Ages held their meetings in the Hasenberg house,

■ Utrecht's first Openbare Leeszaal (Public Reading Room) was opened in 1892. The founders hoped that the Reading Room would provide 'a powerful means of cultural development'. Within a short time it was expanded to include a lending library, and in 1912 it moved to Voetiusstraat. In 1969 it merged with the Roman Catholic Public Reading Room and Library. The central departments moved in 1975 to the former Vroom & Dreesmann department store building near the Stadhuisbrug on the Oudegracht, and now share it with the Broese Kemink book shop.

■ In 1892 werd in Utrecht de Openbare Leeszaal geopend. Ze was vooral bedoeld voor de gewone man. De stichters hoopten dat de leeszaal 'een machtig middel tot volksontwikkeling' zou zijn. De leeszaal werd na enige tijd uitgebreid met een uitleenbibliotheek. In 1912 verhuisde ze naar de Voetiusstraat. In 1969 smolt ze samen met de roomskatholieke Openbare Leeszaal en Bibliotheek. De centrale afdelingen verhuisden in 1975 naar het voormalige winkelpand van V&D op de Stadhuis-

brug aan de Oudegracht. Ze delen het gebouw met boekhandel Broese Kemink.

■ *Merwedekanaal locks were built around 1890; their purpose was to flood the land in times of war. The draw-bridge is part of the lock complex. In the background is the factory building of the Central Soya Utrecht Ltd. When the Stichtse Olie en Lijnkoekenfabriek (Oil and Linseed Cake Factory) was established in 1908, there were few houses in the area, but by the time Central Soya took over the bankrupt factory in 1973, a large housing estate had been developed around it. People living there now complain about the inconveniences caused by the factory.*

■ *Omstreeks 1890 werden in het Merwedekanaal sluizen gebouwd. Ze dienden onder meer om in geval van oorlog het land onder water te zetten. Deze ophaalbrug is deel van dat sluizencomplex. Op de achtergrond de gebouwen van Central Soya Utrecht bv. Toen de Stichtse Olie- en Lijnkoekenfabriek in 1908 werd opgericht, waren er weinig woonhuizen in de omtrek. In 1973 nam Central Soya het failliete bedrijf over. Er was intussen een grote woonwijk rondom gebouwd. De mensen die daar wonen, verzetten zich tegen de overlast die het bedrijf veroorzaakt.*

carpenters, and many more craftsmen like them, banged and droned from dawn to dusk. The butchers were also not always able to silence the animals – usually pigs – they were slaughtering; their blood was allowed to flow into the open drains, and unusable offal was dumped on rubbish heaps smouldering here and there in the city. Despite prohibition orders issued by the City Council, many industries continued to discharge polluted industrial waste-water into the canals or into the soil. Experts still believed, well into the last century, that the ground's self-purification capacity was well able to neutra-lise these polluting substances. Utrecht, like all other cities in the past, was trapped under a stinking, smoking umbrella.

City council has always tried to prevent the problem by banning seriously polluting industries from the city centre. They were given space along the River Vecht; stench and smoke were dispersed by the wind, and large quan-tities of industrial waste and effluent were dumped into the river. But at the same time, the river provided useful opportunities for the transportation of raw materials and goods.

In 1994, the construction of a concrete sheetpile dam in Grifpark, measur-ing 64 metres deep and 1,235 metres long, was brought to completion. The municipal gasworks, pulled down after World War II, had stood on this site since 1862. The dam's task is to prevent toxic waste, which had previously been released into the soil, from entering the groundwater. But the past is not wiped out as easily as that.

The Neudeflat, which was completed in 1964, raised many a dissenting voice at the time. Many regarded this office block in the heart of the city centre as the utmost in barbarism. Buildings like that should be built on the edge of the city, where the ground is relatively cheap, where there are no parking problems, and where high-rise buildings provoke less opposition. The 'furniture boulevard', the 'car boulevard' and office parks also sprang into being, but in some places the past put up stubborn resistance. 'Progress' usually wins the day, however, and office blocks penetrate the sky, their glass and concrete witnessing to the might of their constructors. Architects sing in praise of the 'striking style' of their 'clear and unequivocal' buildings. It is apparently a matter of getting used to them.

de grachten of in de bodem. Tot ver in de vorige eeuw waren geleerden ervan overtuigd dat het zelfreinigend vermogen van de bodem groot genoeg was om deze vervuilende stoffen onschadelijk te maken. Utrecht was, net als andere steden in het verleden, gevangen onder een koepel van stank.

Om de overlast te voorkomen heeft de overheid vanouds bedrijven die ern-stige overlast konden veroorzaken uit de binnenstad geweerd. Voor hen was plaats langs de Vecht. Stank en rook verdwenen dan met de wind en veel afval werd in de rivier gesmeten. Tegelijk bood de rivier een goede aan- en afvoer-mogelijkheid voor grondstoffen en goederen.

In 1994 legde men in het Grifpark de laatste hand aan een betonnen dam-wand die tot 64 meter diep in de bodem reikt en 1235 meter lang is. Op dat ter-rein stond sinds 1862 de gemeentelijke gasfabriek die na de Tweede Wereld-oorlog is afgebroken. De dam moet voorkomen dat het giftige afval dat daar vroeger in de bodem is geloosd, in het grondwater terechtkomt. Het verleden laat zich niet zomaar uitwissen.

De Neudeflat, die in 1964 gereedkwam, heeft veel verontwaardigde reacties opgeroepen. Velen vonden deze kantoortoren in het hart van de binnenstad het toppunt van cultuurbarbarisme. Voor zulke hoge gebouwen is plaats aan de rand van de stad. De grond is daar relatief goedkoop, men kan er parkeren en hoogbouw roept daar weinig verzet op. Er verrijzen 'meubelboulevards', 'autoboulevards' en 'kantorenparken'. Op een aantal plaatsen biedt het verle-den hardnekkig tegenstand. Maar meestal wint de 'vooruitgang' en verrijzen kantoorgebouwen die met hun beton en glas de grootheid van hun bouwers uitstralen. Architecten spreken dan lovend over de 'markante vorm' van hun gebouw die 'helder en vanzelfsprekend' is. Het zal wel een kwestie van wen-nen zijn.

In 1892, the future Queen Wilhelmina, then 11 years old, laid the foundation stone of the Academic Building, a gift to the University from the city itself, the Province and private donors. It was officially opened in 1894. Above the facade in the tympanum is a depiction of the radiant sun, symbolic of the university's motto: 'sol iustitiae illustra nos' (may the sun of justice enlighten us). The gable itself carries 10 plaques depicting prominent Utrecht scholars, such as the physicist C.H.D. Buys Ballot and the physician F.C. Donders. The Academic Building is very much the 'face' of the University. It is now both a lecture hall and the venue for the University's most important ceremonies. In the foreground of the picture is the statue of Graaf (Earl) Jan van Nassau, which has stood here since 1883.

In 1892 legde de elfjarige koningin Wilhelmina de eerste steen van het academiegebouw dat stad, provincie en een aantal inwoners aan de Universiteit hadden aangeboden. Het is in 1894 geopend. Bovenaan de gevel in het timpaan de stralende zon met de zinspreuk van de Universiteit: 'sol iustitiae illustra nos', moge de zon der gerechtigheid ons verlichten. In de gevel van het gebouw zijn 10 medaillons aangebracht met de beeltenis van bekende Utrechtse geleerden, zoals de natuurkundige C.H.D. Buys Ballot en de medicus F.C. Donders. Het Academiegebouw is in belangrijke mate het gezicht van de Universiteit. Er worden colleges gegeven en de belangrijkste universitaire plechtigheden vinden er plaats. Op de voorgrond het standbeeld van graaf Jan van Nassau dat daar sinds 1883 staat.

UTRECHT, A VARSITY CITY

Utrecht is a seat of learning, and one can see evidence of it every day. The 50,000 students enrolled at the University, the Polytechnics and the advanced education colleges, create a permanent demand for rooms and other types of living accommodation. Throughout the city, there are all kinds of educational buildings, research institutes and student centres providing accommodation and numerous special student facilities. Utrecht's book stores also base their stocks on the needs of the learned and the learning. The amount of cultural and recreational facilities, bars and restaurants is also different from that in cities without such a large student population. Utrecht University is also the city's largest employer.

It was all very small at the start. The first educational establishment in Utrecht was the monastery school founded around the year 700 by the Anglo-Saxon monk Willibrord. In the Middle Ages, it was in the school attached to the cathedral that future church ministers, lawyers and administrators received their education. But it was not until 1636 that the city would enjoy the benefits of a real university. The Provincial administrators of the time raised the then 'Illustre School' – which the city fathers had founded in 1634 – to the status of university of the city of Utrecht. The formal inauguration took place on 26 March 1636. There were seven professors at the time, who together were responsible for four disciplines: theology, law, medicine and philosophy (providing at the same time a comfortable combination of physics, arts and metaphysics). From this point on, students in Utrecht could attain an academic degree.

The next problem, of course, was to convince young men that Utrecht was the place to carry out their studies. One of the measures taken by the city council in order to achieve this end, was the construction in 1637 of a 'maliebaan' (pall-mall course) just outside the city wall, and here the gentlemen could saunter or ride their horses in style, play their game of 'kolf' (pall-mall) or take a quiet drink in a bar. For men only, of course, because it is only in the last hundred years or so that academic education has been available to women too, although one Anna Maria van Schuurman was allowed to attend theology lectures immediately the university opened its doors – on condition that she did so behind a curtain in a cubicle constructed especially for her! The other students could not, of course, be allowed to be distracted by this female presence. The first woman student proper – Mrs. A.Ph.C. van Tussenbroek –

UTRECHT, STAD OM TE STUDEREN

Utrecht is onderwijsstad en dat kun je dagelijks merken. De 50 000 studenten die zijn ingeschreven bij de universiteit en de hogescholen veroorzaken een permanente vraag naar kamers en andere woonruimte. Overal staan gebouwen waar onderwijs en onderzoek plaatsvinden, waar studenten wonen of waar speciale verenigingen en voorzieningen voor hen zijn geschapen. De Utrechtse boekwinkels bieden een assortiment dat is afgestemd op de behoeften van geleerden en lerenden. Het aanbod van cultuur en recreatie, van cafés en restaurants is anders dan in steden zonder hoger onderwijs. Bovendien is de Universiteit Utrecht de grootste werkgever in de stad.

Het is allemaal klein begonnen. De eerste onderwijsinstelling in Utrecht was de kloosterschool die de Angelsaksische monnik Willibrord omstreeks 700 stichtte. In de Middeleeuwen volgden toekomstige geestelijken, juristen en bestuurders onderwijs aan de opleiding die aan de kathedraal was verbonden. Maar een echte universiteit kreeg de stad pas in 1636. Het bestuur van de provincie verhief toen de Illustre School – die de stad in 1634 had gesticht – tot universiteit van de stad Utrecht. Op 26 maart 1636 vond de plechtige opening plaats. Er waren toen zeven professoren, verdeeld over vier studierichtingen: theologie, rechten, medicijnen en filosofie (waar natuurwetenschappen, letteren en wijsbegeerte broederlijk in waren samengebracht). Voortaan konden studenten in Utrecht een academische titel verwerven.

Het was natuurlijk wel zaak jongens ervan te overtuigen dat zij in Utrecht moesten komen studeren. Een van de maatregelen die het stadsbestuur daartoe nam, was de aanleg van een maliebaan in 1637, net buiten de stadsmuur. Daar konden de heren te voet of te paard flaneren, hun kolfspel spelen of in alle rust een glas drinken in een uitspanning. Heren ja, want vrouwen volgen pas sedert zo'n honderd jaar wetenschappelijk onderwijs, al volgde Anna Maria van Schuurman direct na de opening van de universiteit geleerde colleges in de theologie. Vanachter een gordijn in een loge die speciaal voor haar was aangebracht, dat wel. De studenten mochten immers niet worden afgeleid door haar vrouwelijke aanwezigheid. In 1887 studeerde de eerste vrouw af aan de universiteit van Utrecht: mevrouw A.Ph.C. van Tussenbroek werd toen arts. Er is sedertdien veel veranderd: op het ogenblik is bijna zestig procent van de studenten vrouw.

De stad bood studenten en professoren nog een niet te versmaden voordeel: vrijstelling van belasting op alcoholhoudende dranken. Dat voorrecht is

■ Very soon after its foundation in 1639, the University
created a herb garden, the
Hortus Botanicus on the Zonnenburg bulwark. Future phy-
sicians and apothecaries
gathered their knowledge here
on the healing qualities of
plants. The garden moved to
the Nieuwegracht in 1724. Two
Orangeries were added and –
around 1900 – a glass house
complex and the Botanical
Laboratory. The Oude Hortus
(Old Hortus) will become the
museum garden of the University Museum in 1996.

■ Al snel na de stichting, in
1639, legde de Universiteit op
het bolwerk Zonnenburg een
kruidentuin aan, de Hortus
Botanicus. Daar konden toekomstige medici en apothekers
de geneeskundige eigenschap-
pen van planten leren. In 1724
verhuisde de tuin naar de
Nieuwegracht. Er kwamen
twee oranjerieën en – plm.
1900 – een kassencomplex en
het Botanisch Laboratorium.
De Oude Hortus wordt in 1996
de museumtuin van het Universiteitsmuseum.

■ *In the 1960s the University
began to transfer its botany
teaching and research to the
Uithof. The fortification on the
Hoofddijk (Main Dike) –
which had been built in 1879 –
became, in 1963, the Hortus'
new home. Envied everywhere
is the rock garden, the largest
in Europe. Every year thousands of visitors make their way
to the Uithof to enjoy the in-
credible assortment of outdoor and indoor plants in the
Botanical Gardens of the
University of Utrecht.*

■ *In de jaren zestig begon de
verhuizing van het universitaire onderwijs en onderzoek
in de plantkunde naar De Uithof. Het Fort aan de Hoofddijk
– dat in 1879 is gebouwd –
werd in 1963 ingericht voor de
nieuwe Hortus. Vermaard is
vooral de rotstuin, de grootste
van Europa. Jaarlijks trekken
duizenden bezoekers naar De
Uithof om er te genieten van
een ongekend assortiment
planten in de open lucht en in
de kassen van de Botanische
Tuinen van de Universiteit
Utrecht.*

On the occasion of its 50th anniversary (in 1686), the University decided to adorn its Senate Hall with portraits of its professors – it was after all the professors' meeting room. The current Senate Hall was completed in 1924, and the portraits of the learned scholars witness the ceremonies below.

Ter gelegenheid van het 50-jarig bestaan (in 1686) besloot de Universiteit de senaatskamer te versieren met portretten van hoogleraren. Het was de vergaderzaal van de professoren. In 1924 werd de huidige senaatszaal in gebruik genomen, waar nog steeds de portretten van geleerden neerkijken op de plechtigheden die daar plaatsvinden.

completed her medical studies in 1887. Much has changed since then, with women constituting almost 60% of Utrecht's current student population. At first, the city offered its students and professors an incentive they could not resist – tax exemption on all alcoholic drinks! – a privilege to be denied them from 1657 onwards. The attractive Maliebaan still exists today, although it has become a very busy through-road. For the first two centuries of its existence, the university was centred in the Groot Kapittelhuis (Great Chapter House) attached to the cathedral (de Dom). It was probably built around 1460 and served as a meeting hall for the leading churchmen of the day. That hall is now the Aula and, as such, forms part of the Academic Building, opened in Domplein (square) in 1894. It was a gift donated by the city and provincial authorities, and by private donors, on the occasion of the university's 250th anniversary in 1886. The University still uses the Aula for many of its major ceremonies, and for some of its less official gatherings.

Ph.D. theses were defended in the choir of the Domkerk (church) until in 1672 French troops – having occupied the city for more than a year – reinstated the church as a centre of Roman Catholic worship. They used the Aula for storing provisions and ammunition, and when they departed, the Protestants re-possessed the church. Lack of money delayed full restoration of the damage caused, and on 1 August 1674, the nave of the church collapsed during a very severe hurricane. In the years that followed, the university had to find other venues for its academic ceremonies. A number of these events however, still take place in the Domkerk today.

One of the all-time lows in the university's history was the national government's decision in 1810, to demote it to the status of 'Ecole Secundaire', and it meant that the granting of academic degrees was no longer possible. In 1815, however, the tide turned in Utrecht's favour and the 'school', by Royal Decree, was promoted to Rijksuniversiteit (State University). The name was simplified to Universiteit Utrecht in the 1990s.

University education was only accessible to the children of the elite, until well into the present century. Ordinary citizens, in extremely exceptional cases, were able to follow advanced education, and explains why there were originally so few university students. In 1886, for instance, there were 463 students attending lectures given by 37 professors. The big change came in the 1950s and 1960s, when democratization and increasing prosperity created greater opportunities, of which one of the consequences was the enormous student influx, which in turn had far-reaching effects. The student population

in 1657 afgeschaft. De fraaie Maliebaan ligt er nog steeds, al is het nu een drukke verkeersverbinding geworden.

De eerste twee eeuwen van haar bestaan had de universiteit als centrum het Groot Kapittelhuis van de Dom. Het is waarschijnlijk omstreeks 1460 gebouwd en diende als vergaderzaal voor een aantal belangrijke geestelijken. Tegenwoordig is de zaal als Aula onderdeel van het Academiegebouw dat in 1894 op het Domplein is geopend. Het was een geschenk van de stad, de provincie en particulieren ter gelegenheid van het 250-jarig bestaan van de universiteit in 1886. De universiteit gebruikt de Aula nog steeds voor een groot aantal plechtigheden en minder officiële aangelegenheden.

Promoties vonden plaats in het koor van de Domkerk totdat in 1672 Franse militairen – die toen de stad voor een jaar bezet hielden – de kerk weer inrichtten voor de rooms-katholieke eredienst. De Aula gebruikten zij als opslagplaats voor proviand en munitie. Toen de Fransen waren vertrokken, namen de protestanten de kerk weer in gebruik. Geldgebrek vertraagde het herstel van de schade die was aangericht. Op 1 augustus 1674 stortte het schip van de kerk in tijdens een hevige orkaan. In de volgende jaren vond de universiteit andere plaatsen voor academische plechtigheden. Maar nog steeds is de Domkerk centrum voor een aantal universitaire plechtigheden.

Een dieptepunt in de geschiedenis van de universiteit was het besluit van de landsoverheid in 1810 om haar te degraderen tot 'Ecole Secundaire'. Er konden toen geen academische titels meer worden behaald. Maar in 1815 kwam de keer ten goede: de school werd bij Koninklijk Besluit verheven tot Rijksuniversiteit. In de jaren 1990 is deze naam vereenvoudigd tot Universiteit Utrecht.

Tot ver in onze eeuw was studeren aan een universiteit alleen weggelegd voor de kinderen van de elite. Eenvoudige burgers volgden bij hoge uitzondering hoger onderwijs. Vandaar dat er aanvankelijk maar weinig studenten waren. In 1886 waren het er bijvoorbeeld 463 die colleges volgden bij 37 professoren. Dat veranderde in de jaren vijftig en zestig van onze eeuw, toen de democratisering en de stijging van de welvaart meer mogelijkheden schiepen. Een van de gevolgen was een geweldige toestroom van studenten die verstrekkende gevolgen had. In 1994 waren het er 24 563. Deze groei wordt voor een deel veroorzaakt doordat steeds meer mensen op latere leeftijd aan een universitaire studie beginnen.

Studenten hebben heel wat leven in de Utrechtse brouwerij gebracht. De burgers moesten ermee leren leven dat zij de rust in de nachtelijke uren weleens

Next to and behind the Arts & Sciences building is the former Sint Joannes de Deo (St. John of God) hospital. Hospitals in the past were primarily for the poor. People with money were nursed at home. In the last century, however, the importance of hygiene was discovered. In 1896 some St. John of God Brothers opened a hospital in the Mariaplaats, and in 1971 the building became the home of the Utrecht Music Academy, as also the Arts & Sciences building.

Naast en achter de gevel van het Gebouw voor Kunsten en Wetenschappen ligt het voormalige ziekenhuis St Joannes de Deo. Ziekenhuizen waren in het verleden bestemd voor arme mensen. Wie geld had, werd thuis verzorgd. Maar in de vorige eeuw ontdekte men het belang van hygiëne. In 1896 openden broeders van de orde van St Joannes de Deo een ziekenhuis aan de Mariaplaats. In 1971 kreeg het een andere functie. Het wordt gebruikt door het Utrechts Conservatorium net als het gebouw voor Kunsten en Wetenschappen.

■ In 1642 the University opened an observatory in the Smeetoren, and in 1855 it was moved to the Zonnenburg bulwark, which since 1849 has housed the Koninklijke Nederlands Meteorologisch Instituut (Royal Dutch Meteorological Institute). Although the observatory has lost much of its significance in recent decades in terms of university education and research, it still provides interested parties with all kinds of information about the solar system.

■ In 1642 opende de Universiteit een sterrenwacht op de Smeetoren. In 1855 verhuisde deze instelling naar het bolwerk Zonnenburg waar sinds 1849 het Koninklijk Nederlands Meteorologisch Instituut was gevestigd. Al heeft de sterrenwacht in de laatste decennia haar betekenis voor het universitaire onderwijs en onderzoek grotendeels verloren, tal van belangstellenden vinden er nog informatie over de sterrenhemel.

in 1994 was 24,563, and this increase was partly due to more and more mature students entering the university. The influx of students livened things up in the city considerably, and its residents had to learn to live with the fact that their peace could sometimes be rudely disturbed in the small hours of the night by the unwelcome and not always melodious sound of loud student revelry and song. There are better memories of the enormous festivals which the students organized on varsity feast days. Music, theatre, marvellous processions in historic costumes and solemn gatherings with endless speeches were the talk of the day. Many people decorated their houses with flags, flowers and Chinese lanterns. Jostling crowds packed the streets, not wanting to miss anything of the festivities. These festivals were organised by the Utrecht Student Corps but they ultimately became too expensive and the city population lost interest in decorating the whole city centre. Since 1971, therefore, the University and the Student Corps celebrate their festive occasions within their own circles and in their own ways.

In the course of time, the number of subjects offered by the University increased, as did the need for teaching and research space. The tremendous student in-take in the 1950s, made it clear that the city centre was too small for the University as it was then. There was talk of demolishing and replacing a number of buildings in Domplein – with the exception of the Dom itself – but it was decided instead to move the University to the Johannapolder, on the outskirts of the city. In 1962, therefore, building of the University Centre 'De Uithof' began, and following many years of debate it has now been decided that student accommodation blocks will also be constructed on the campus, between the large concrete faculty and administrative buildings. The University Board originally intended to transfer all activities to the De Uithof site, but it was decided later that some sections would remain in the city centre. And in the meantime, building has continued in De Uithof.

Little attention was given at the start to the countryside around the campus, but this has changed, in the light of which students living on campus are not allowed to keep pets, in the interests of preserving the habitat of the local wild-life. Utrecht University offers a number of disciplines which are unique to Utrecht, such as Celtic Studies, Meteorology, General Arts and Veterinary Medicine, the latter being the oldest. It is true that it only became a university subject in 1925, when the Veterinary School became the State University of Utrecht's sixth faculty. It is worth noting, however, that training to become a vet began in Utrecht at the State Veterinary Surgeon School, as early as 1821.

verstoorden met niet altijd even welluidend gezang of baldadig vermaak. Heel wat aangenamer zijn de herinneringen aan de enorme feesten die zij organiseerden op universitaire hoogtijdagen. Muziek, toneel, schitterende optochten in historische kostuums en plechtstatige bijeenkomsten met ellenlange toespraken vormden dan het gesprek van de dag. Veel inwoners versierden hun huis met vlaggen, bloemen en lampions. En ze verdrongen zich om niets van de feestelijkheden te missen. De feesten werden georganiseerd door het Utrechts Studenten Corps. Maar het werd allemaal veel te duur en de burgerij voelde er niet meer voor om de hele binnenstad te versieren. Sedert 1971 vieren Universiteit en Corps de hoogtijdagen daarom in eigen kring en op eigen wijze.

In de loop van de tijden groeide het aantal vakken dat men aan de universiteit kan studeren en tegelijk daarmee de behoefte aan goede ruimten voor onderwijs en onderzoek. Toen de aantallen studenten in de jaren vijftig sterk groeiden, bleek dat de binnenstad voor de Universiteit te klein werd. Er is toen nog wel nagedacht over de mogelijkheid om de bestaande panden op het Domplein – behalve de Dom – te slopen en te vervangen door onderwijsgebouwen. Maar de universiteit besloot haar activiteiten te verhuizen naar de Johannapolder, buiten de stad. Daar begon in 1962 de bouw van het Universiteitscentrum De Uithof. Na jarenlange discussies is besloten daar ook woningen voor studenten te bouwen, tussen de betonnen kolossen.

Aanvankelijk was het bestuur van de universiteit van plan alle activiteiten naar De Uithof te verhuizen. Maar op den duur kwam toch het besluit een aantal ervan in de binnenstad te handhaven. Intussen is er in De Uithof voortdurend gebouwd. Aanvankelijk telde daarbij de bestaande landelijke omgeving weinig mee, maar daarin is duidelijk verandering gekomen. Zo mogen studenten die op De Uithof wonen geen huisdieren houden. De dieren die daar in de vrije natuur leven krijgen zo meer overlevingskansen.

De Universiteit Utrecht heeft een aantal studierichtingen die alleen in Utrecht worden verzorgd, zoals Keltisch, Meteorologie, Algemene Letteren en Diergeneeskunde. De oudste van deze opleidingen is Diergeneeskunde. Weliswaar werd dit vak pas in 1925 een universitaire studierichting, toen de Veeartsenijkundige Hoogeschool als zesde faculteit werd opgenomen in de Rijksuniversiteit Utrecht. Maar al in 1821 is in Utrecht de opleiding tot 'veearts' begonnen aan 's Rijks Veeartsenijschool.

Tientallen jaren was de faculteit diergeneeskunde gevestigd in een aantal gebouwen aan de Biltstraat. In de jaren 1980 besloot de universiteit dat ze zou

■ The Uithof has not become a campus as such, and nor is the entire University concentrated here. The University Library and the Arts and Law faculties are still located in the city centre. In the meantime, several other enterprises have been started in the Uithof: a supermarket, a bank and a book shop. And for the hungry and the thirsty there is the Uithof-Inn.

■ De Uithof is geen campus geworden en evenmin is de hele Universiteit er geconcentreerd. De Universiteitsbibliotheek en de faculteiten Letteren en Rechten zijn nog in de binnenstad gevestigd. Intussen hebben zich enkele ondernemers in De Uithof gevestigd: een supermarkt, een bankfiliaal, een boekhandel. En voor de dorstigen is er de Uithof-Inn.

◁ p. 110

■ The exterior of the Academic Hospital Utrecht (AZU) in De Uithof.

■ De gevels van het Academisch Ziekenhuis Utrecht (AZU) in De Uithof.

■ *In 1995 the Economy and Management Faculty building was opened in the Uithof, as part of the Utrecht Polytechnic. The building was designed by the Mecanoo firm of architects. The university and the polytechnic have been working jointly in many areas for about 10 years.*

■ *In 1995 is in De Uithof het gebouw in gebruik genomen van de Faculteit voor Economie en Management. Deze is onderdeel van de Hogeschool van Utrecht. Het gebouw is ontworpen door architectenburo Mecanoo. Universiteit en Hogeschool werken sedert plm 10 jaar samen op veel terreinen.*

■ The Utrecht Student Corps was founded in 1814, and its members originally met in a building in Domplein, which became too small when student numbers increased. In 1901 the Utrecht Student Corps transferred to the new society building in Janskerkhof. The building, nicknamed the Gele Kasteel (Yellow Castle) was designed by the architect A.H. Zinsmeister. The Latin motto is 'Placet Hic Requiescere Musis' (It pleases the Muses to rest here). Next to the society building is the centuries-old District Court office.

■ In 1814 is het Utrechtsch Studenten Corps opgericht. Aanvankelijk lag de sociëteit aan het Domplein. Dit gebouw werd te klein toen er meer mensen gingen studeren. In 1901 nam het Utrechts Studenten Corps de nieuwe sociëteit aan het Janskerkhof in gebruik. Het gebouw, bijgenaamd het Gele Kasteel, is ontworpen door architect A.H. Zinsmeister. De latijnse zinspreuk luidt Placet Hic Requiescere Musis, 'het behaagt de Muzen hier te rusten'. Naast de sociëteit staat het eeuwenoude gebouw waar het Kantongerecht is gevestigd.

For many years, the Faculty of Veterinary Science was housed in several buildings in Biltstraat and again, in 1980, the University decreed that it should be transferred in its entirety to the University Centre 'De Uithof'. Some of the old buildings have been demolished, but many have been restored and converted for new purposes. One of the former institutes now houses the University Museum, and others have been turned into flats or offices. The old dog house is now the 'Bougainville' bar-restaurant, and the former stables are now used for theatre productions and bear the appropriate name of The Horse Cathedral. Academic education swallows a large proportion of the state budget: in 1994, the government funded Utrecht University to the tune of 539 million guilders. Other costs were covered from income derived from research projects funded by third parties. The government constantly urges economic restraint and the university constantly points to the need for modern education and research if The Netherlands is not to lag behind the rest of the world scientifically.

Apart from the University, there are many other educational establishments in the city. Some have a very honourable past, such as the Stedelijk Gymnasium, with a history going back to 1474 when its predecessor, the Hiëronymusschool, was founded. This was a so-called Latin School which prepared boys for university. Other schools and training institutes such as those offering adult education courses are of a more recent date. There are 90 primary schools in Utrecht and it was here that the teachers were the first to be confronted by the educational problems arising from the large influx of immigrant workers and their families in recent decades. There are in addition, 17 secondary/grammar/comprehensive schools and 4 polytechnics for Advanced Occupational Training (HBO). The Hogeschool (Polytechnic) Utrecht emerged in 1987 following the combining of 9 HBO institutes in Amersfoort, Utrecht and Hilversum. It has more than 7000 students currently taking technical subjects such as Building and Construction, Economics, Electro-technology and Computer Science. The 3000 students attending the Art School follow courses including Visual Arts, Music and Drama, and a further 11,000 students at the Midden (Central) Nederland Polytechnic are being put through their paces in the fields of Health Care and Journalism. And finally, 4000 students are enrolled at the Polytechnic for Economics and Management, and follow a range of subjects including Business Economics, and International Business Administration. Indeed, it would be hard to think of any subject that was not given somewhere in Utrecht.

verhuizen naar nieuwe gebouwen op het Universiteitscentrum De Uithof. Een deel van de oude huisvesting is nadien gesloopt. Er is ook veel gerestaureerd en verbouwd voor nieuwe functies. In een van de voormalige instituten werd het Universiteitsmuseum ondergebracht, andere werden woningen of kantoor. De oude hondenstal veranderde in café-eethuis Bougainville. De voormalige manege biedt onderdak aan de 'theatervoorziening' die toepasselijk De PaardenKathedraal heet.

Wetenschappelijk onderwijs vormt een zware post op de rijksbegroting: in 1994 stelde de overheid 539 miljoen gulden beschikbaar voor de Universiteit Utrecht. De rest van de uitgaven werd onder meer gedekt door de inkomsten uit onderzoek dat in opdracht van derden wordt verricht. De overheid dringt aan op de uiterste zuinigheid, de universiteit wijst op de noodzaak van modern onderwijs en onderzoek om te voorkomen dat Nederland in wetenschappelijk opzicht achterop raakt.

Behalve de Universiteit Utrecht zijn er nog veel andere onderwijsinstellingen in de stad. Sommige hebben een eerbiedwaardig verleden, zoals het Stedelijk Gymnasium, waarvan de geschiedenis terugreikt tot 1474. Toen werd zijn voorloper gesticht, de Hiëronymusschool. Dat was een zogenaamde Latijnsche School die jongens opleidde voor een universitaire studie. Andere scholen en opleidingsinstituten zijn van recenter datum, zoals die waar onderwijs aan volwassenen wordt geboden.

Er staan in Utrecht ruim 90 basisscholen. De docenten daar kregen als eersten te maken met de onderwijskundige problemen die de komst van grote aantallen gastarbeiders bracht. Verder zijn er zeventien scholen voor voortgezet onderwijs en vier hogescholen waar men Hoger Beroeps Onderwijs (HBO) kan volgen. De Hogeschool Utrecht is in 1987 ontstaan uit de fusie van negen instellingen voor HBO in Amersfoort, Utrecht en Hilversum. Er volgen ruim 7 000 studenten onderwijs in technische vakken als Bouwnijverheid, Economie, Elektrotechniek en Informatica. De 3000 studenten aan de Hogeschool voor de Kunsten krijgen onder meer college in de Beeldende Kunsten, Muziek en Theater. Aan de Hogeschool Midden Nederland worden ruim 11 000 studenten ingewijd in vakken als gezondheidszorg en journalistiek. En tenslotte zijn er 4 000 studenten ingeschreven bij de Hogeschool voor Economie en Management, waar vakken worden gedoceerd zoals Bedrijfseconomie, Internationale Business Administratie en Communicatie. Er is nauwelijks een beroep te bedenken waarvoor men in Utrecht niet kan worden opgeleid.

■ The octagonal design of Hoog Catharijne (below) is carried through to the Vredenburg Music Centre, designed by Herman Hertzberger. This was the Vredenburcht (Peace fortress) 450 years ago. The red rear wall of the Oudaen house rises behind the square, with the main post office building behind it. On the right are the Drakenburch house and the Neudeflat, and in the right hand top corner, the City Hall.

■ De achthoeken van Hoog Catharijne (onder) zetten zich voort in het muziekcentrum Vredenburg van architect Herman Hertzberger. Hier lag 450 jaar geleden de Vredenburcht. Achter het plein rijst de rode achtergevel van het huis Oudaen op, met daar weer achter het postkantoor. Rechts daarvan het huis Drakenburch en de Neudeflat. Rechts boven in de hoek het stadhuis.

UTRECHT, CITY OF PLEASURE AND CULTURE

It was considered for a long time that play was only for children. Adults did not play; they worked all the daylight hours, ate and drank, made love and slept. There was some relaxation, of course, because no one can work all the time, and that sense of fun and relaxation manifested itself in all kinds of festivals. Firstly the religious festivals, and once the church celebration was over, it was time for fun on the streets. Royal birthdays were celebrated with street fairs and fireworks, with 'all the fun of the fair' very much in evidence during the annual markets especially. And later it was the student 'happenings' which brought spectacle and fun to the city. The Reformation, however, soon put a firm stop to public enjoyment. Fairs were banned as 'depraved and immoral' amusement. Even the great Catholic feast of St. Martin, on 11 November, was stopped, but no amount of opposition could halt the feast of Sinterklaas (St. Nicholas), although his feast on 5 December, was celebrated more at home than on the streets. There have always been inns of various kinds, but in the olden days they were primarily stopping places for travellers, where they could eat and drink, and stay the night if necessary before resuming their journeys. The patrons of these establishments were usually strangers from outside rather than the city dwellers themselves. What we would now call a restaurant only appeared in Utrecht at the end of the Middle Ages, and was joined around 1750 by the coffee-house, the forerunner of today's bar. Another source of entertainment was the lodging house outside the city gates, a favourite place because it was not governed by city council regulations, and one of these was 'Den Hommel' a lonely inn way beyond the safety of the city walls.

Utrecht also had a number of societies, or clubs, where men of more affluent means and more time at their disposal, could take a drink, play cards and talk about the younger generation 'going to rack and ruin', and all those other matters which people still gossip about today. One of the most famous of these clubs was 'Sic semper' (As Always) founded in 1775 and sited on the corner of the Trans and the Nieuwegracht.

Anyone seeking refreshment and amusement in Utrecht today, can choose from 220 cafes or bars, in addition to 240 cafeterias and ice-cream parlours. There is also a great variety of restaurants, many serving extravagant and exotic specialities. For the traveller, there are 16 hotels offering a combined total of 1600 beds. In the spring and summer, weather permitting, Utrecht has the added attraction of cafes and restaurants where customers can spend

UTRECHT, STAD VAN SPEL EN CULTUUR

Mensen hebben lang gedacht dat spelen iets was voor kinderen. Grote mensen speelden niet. Die werkten zolang het licht was, aten en dronken, hadden lief en gingen slapen. Er was wel ontspanning want niemand kan altijd werken. Die ontspanning manifesteerde zich in talloze feesten. Eerst waren er de feesten van de kerk. Als de viering in de kerk voorbij was, werd het feest op straat voortgezet. Ook verjaardagen van vorstelijke personen werden gevierd, met kermissen en vuurwerk. Kermis was er ook tijdens de jaarmarkten. Later brachten ook de studentenfeesten veel vertier in de stad.

De reformatie haalde aanvankelijk een flinke streep door al dat feestvieren. Kermissen werden verboden als 'losbandig en zedeloos' vermaak. Zelfs het grote feest van stadspatroon Sint Maarten op 11 november was een katholiek feest en ging niet meer door. Sinterklaas bleef tegen alle verdrukking in overeind. Maar dat werd in de huiselijke kring gevierd en niet op straat.

Er zijn altijd herbergen geweest, maar vroeger waren dat in de eerste plaats pleisterplaatsen op lange reizen, om te eten, te drinken en eventueel te overnachten. Daar kwamen dus hoofdzakelijk vreemdelingen en geen mensen uit de stad zelf. Iets wat wij tegenwoordig een restaurant zouden noemen, komt in Utrecht pas in de late Middeleeuwen voor. Rond 1750 kwamen er naast die eethuizen ook koffiehuizen, de voorlopers van onze cafés. Een ander vermaak was het bezoek aan logementen buiten de stadspoort, vooral omdat die niet gebonden waren aan allerlei stedelijke verordeningen. 'Den Hommel' was zo'n eenzame herberg ver buiten de veilige stadsmuur.

Utrecht kende ook een aantal sociëteiten waar mannen met meer geld en vrije tijd een glaasje dronken, een kaartje legden en met elkaar spraken over de verdorvenheid van de jeugd en al die dingen waar mensen nu nog over praten. Een bekende sociëteit was 'Sic semper' (Zoals altijd) opgericht in 1775 en gevestigd op de hoek van de Trans en de Nieuwegracht.

In onze tijd kan wie vertier zoekt in Utrecht kiezen uit 220 cafés of bars. Er zijn 240 cafetaria's en ijssalons. Daarnaast is er een grote keuze aan restaurants, waarvan vele met extravagante buitenlandse specialiteiten. Voor wie wil overnachten is er keuze uit zestien hotels met in totaal circa 1600 bedden.

In voorjaar en zomer, als het weer goed is, heeft Utrecht een speciale attractie in zijn terrasjes op de werven. Aan het water in de zon komt men daar met een drankje en een hapje zijn tijd wel door. Water is een mooi kijkspel. Het spiegelt en blijft in beweging ook al staat het stil. Daarom is het fijn

■ The gilded figure against the front wall of the Schouwburg is the work of Brom's gold smiths, the mask and ear of grain representing the rhetoric arts.

■ Het vergulde beeld tegen de gevel van de Schouwburg is een creatie van edelsmederij Brom. Met masker en korenaar beeldt het de voordrachtkunst uit.

■ The great concert hall of the Arts & Sciences Building. On the night of 11 March 1988, the whole building was destroyed by fire. Reconstruction was decided on by the Utrecht City Council, in consultation with State and Provincial authorities, and on 28 February 1991, this hall, formerly the oldest in the Netherlands, once again rang to the sound of festive music. It meant many improvements for the hall; the classic style is visible again, but has also allowed room for all kinds of modern technology. Perfect acoustics and Peter Struychen's work of art have turned it into a feast for both eye and ear.

■ De grote muziekzaal in het Gebouw voor Kunsten en Wetenschappen. In de nacht van 11 op 12 maart 1988 brandde dit gebouw volledig uit. In samenwerking met rijk en provincie besloot de gemeente snel tot wederopbouw en op 28 februari 1991 werd in deze zaal, de oudste van Nederland, weer feestelijk muziek gemaakt. De zaal is er sterk op vooruitgegaan. De classicistische vormen zijn opnieuw zichtbaar gemaakt, maar daarnaast beschikt de zaal nu over alle technische verworvenheden van vandaag. Een perfecte akoestiek en de kleuren van Peter Struychens kunstwerk maken het vertoeven hier tot een waar feest voor het oog en het oor.

■ *A dark red atmosphere and many decibels is, as this picture of the Vredenburg Music Centre illustrates, just as possible as an orchestral performance. This Music Centre has been open to a wide spectrum of audiences since 26 January 1979, thanks largely to the work of its director, Peter Smids, who turned a disadvantage into an advantage when on 26 June 1985 the Utrecht Symphony Orchestra, the centre's resident orchestra, ceased to exist. 'With the passion of the inspired circus director' – as cited by the jury of the Prince Bernhard Foundation – Smids plays his role of concert impresario.*

■ *Een donkerrood sfeertje en veel decibellen is in muziekcentrum Vredenburg evengoed mogelijk als het optreden van een symfonieorkest. Het centrum is er vanaf de start op 26 januari 1979 voor allerlei publiek. Dat is de verdienste van directeur Peter Smids die van de nood een deugd maakte toen op 26 juni 1985 het USO, de vaste bespeler van het huis, ophield te bestaan. 'Met de geestdrift van een bevlogen circusdirecteur' – de kwalificatie is van de jury van het Prins Bernhard Fonds – speelt Smids zijn rol als muziekbemiddelaar.*

■ In the evenings too, Utrecht has a certain romance, certainly on the wharfs where one can enjoy many pleasant hours in good company.

■ Ook in de nacht blijft Utrecht romantisch, zeker op een plekje onder aan de werf waar je met select gezelschap een aangenaam verblijf kunt hebben.

many a pleasant hour sitting outside alongside the water, with a good meal and an excellent wine. Water never ceases to fascinate, ever-reflecting and ever-moving, even in stillness. Steps lead down to the wharf restaurants, and in some places, such as the Ganzenmarkt (Goose Market) and the Twijn-straat, you will also find a 'wed', a pathway sloping gently down to the water's edge, wide enough too for a horse and cart to reach the wharf. One of these ramps must have existed in Wed, a narrow street nudged in between the Domplein and the Oudegracht near the Donkere Gaard.

The wharfs have even more to offer. If you look hard, you will find a stone 'picture-book' in the form of lamp-post parapets, which can only be seen from the wharf itself. Renovation of the wharfs also included the street lighting. Utrecht started placing street lights – designed by Pyke Koch and based on the old gas lights of days gone by – in the city centre in the 1950s. In many places, a stone plaque was placed in the wall under the base of the lamp-posts, appropriately illustrated, in relief, for that particular spot. At first glance, some of them are rather mysterious, but even without an explanatory commentary it is worthwhile taking a close look at them. Many of the il-lustrations relate to the city's history, to something that happened at that specific spot, either in fact or in fiction. Others present a visual picture of an old saying or proverb.

Utrecht's music and theatre was originally performed on the streets. Dra-ma was sometimes performed in the churches, provided its subject was of a religious nature, whilst outside the church, plays were performed on a cart or scaffold platform. The square in front of the city hall was the favourite place for such a stage; Joost van den Vondel relates in his diary that as a boy he saw David and Goliath performed here. In 1796, a wooden hall was erected for stage productions at the Vredenburg, Utrecht's first playhouse! And on 28 January 1808, it was totally destroyed by fire. Within six days, King Louis Na-poleon, a well-known lover of the theatre who had already named the small wooden hall the 'Royal Playhouse', had the choir of the Mariakerk converted into the 'Theatre Royal'. On 9 July 1821, a completely new theatre built at the Vredenburg and made 'completely of wood, although on a cemented stone foundation', was formally opened, and Utrecht continued to use it for another hundred years and more. The Trade Fair Centre offered the sum of 200,000 Dutch guilders for the ground on which it stood, if the city was prepared to construct another playhouse somewhere else. The great architect, Dudok, was commissioned for the work, and in 1939 Utrecht opened the new theatre hall

om aan de waterkant te zitten. Op vele plaatsen kunt u in Utrecht via trappen op de werven komen. Op enkele plaatsen, zoals op de Ganzenmarkt en in de Twijnstraat, vindt u ook nog een wed, een licht hellende weg naar het water, geschikt om met kar en paard op de werf te komen. Op het Wed, een straat tussen Domplein en Oude Gracht bij de Donkere Gaard, moet vroeger ook een wed geweest zijn.

En de werven hebben meer te bieden. Wie zijn ogen de kost geeft vindt een stenen prentenboek in de vorm van lantaarnconsoles die alleen vanaf de werf te bekijken zijn. Bij de restauratie van de werven is namelijk ook de straatver-lichting betrokken. In de jaren vijftig begon Utrecht in de binnenstad met de plaatsing van straatlantaarns die naar het model van de oude gaslantaarn zijn ontworpen door Pyke Koch. Op veel plaatsen is in de muur onder de voet van de lantaarn een steen geplaatst met in reliëf een voor die plek toepasselijke voorstelling. Sommige zijn op het eerste gezicht raadselachtig, maar ook zon-der verklaring het bekijken waard. Veel afbeeldingen verwijzen naar de ge-schiedenis van de stad, naar iets wat op die plaats is gebeurd of waarvan de legende wil dat het er plaats had. Of zij beelden een oud gezegde of spreek-woord uit.

Er is in Utrecht altijd muziek gemaakt en toneel gespeeld. Maar ook dat gebeurde aanvankelijk op straat. Toneelvoorstellingen werden soms in de kerk gegeven, als het stuk iets met het geloof te maken had. Buiten de kerk speelde men op een wagen of een schavot. Het plein voor het stadhuis was een geliefde plek voor zo'n schavot. Joost van den Vondel vertelt in zijn dagboek dat hij daar als jongen ooit David en Goliath heeft zien spelen.

In 1796 werd op het Vredenburg een houten gebouw neergezet om toneel-uitvoeringen te geven. Utrechts eerste schouwburg! Die brandde op 28 janua-ri 1808 volledig uit. Koning Lodewijk Napoleon, een erkend liefhebber van theater die het houten gebouwtje al de naam 'Koninklijke Schouwburg' had gegeven, liet binnen zes dagen het koor van de Mariakerk ombouwen tot 'Theatre Royal'. Op 9 juli 1821 werd op het Vredenburg een nieuw theater 'geheel van hout, doch op gemetselden steenen voet' plechtig in gebruik genomen. Meer dan honderd jaar heeft Utrecht het met deze houten schouw-burg gedaan. Toen bood de Jaarbeurs twee ton voor de grond als de stad ergens anders een schouwburg wilde bouwen. De grote architect Dudok kreeg de opdracht en voerde die uit in de bouw in 1939 van een schouwburg op het Lucas Bolwerk aan de rand van de singel. Onlangs is deze schouwburg geheel gerenoveerd en aangepast aan de modernste technieken. De houten

■ At the Fish Market, the statue of the market woman, ever-friendly, surveys one of Utrecht's most attractive spots. A philatelists market is held on this wide bridge over the Oudegracht, every Saturday. The sculptor, Theo van de Vathorst, worked figures of poultry into the market woman's braids, in recognition of Utrecht's shortest street nearby, the 'Hanenschrei'. It was named after a house which had stood there around 1600, bearing the strange name of 'Hanentredt' (Cock Step). In the background the City Hall, and on the left the old Fish Market .

■ Op de Vismarkt kijkt het beeld van de marktvrouw onverzettelijk vriendelijk uit over één van de mooiste stukken van Utrecht. Op zaterdag wordt op deze brede brug over de Oudegracht de postzegelmarkt gehouden. De beeldhouwer Theo van de Vathorst gaf het 'viswijf' pluimvee in haar biezen, een verwijzing naar het vlakbij gelegen kortste straatje van Utrecht, het Hanengeschrei, genoemd naar een pand dat hier omstreeks 1600 stond en de geheimzinnige naam droeg van 'Hanentredt'. Op de achtergrond het stadhuis, links de oude visafslag.

■ Another street scene typical of Utrecht is the Bakkerbrug (Baker Bridge). On Saturdays a mini flower market, and on all other days a meeting place for many. In the middle and slightly to the left, is the slender figure of Katrijn van Leemput. It was Katrijn who, following the departure of the Spanish army in 1577, took the initiative with other women to tear down the Vredenburch (Vreden fortress), the symbol of war and oppression, while the men were still gathered discussing what its future function should be.

■ Een ander typisch Utrechts straatbeeld is de Bakkerbrug. Op zaterdag een mini-bloemenmarkt, op alle andere dagen een trefpunt voor velen. Iets links van het midden staat op de brugleuning het ranke beeldje van Katrijn van Leemput. Katrijn nam in 1577, na het vertrek van de Spanjaarden, met enkele vrouwen het initiatief tot de sloop van het Vredenburch, symbool van oorlog en onderdrukking, terwijl de mannen nog zaten te overleggen over een functie voor dit kasteel.

■ Skating pleasure on the Maliesingel, with the Hieronymushuis on the Minstroom in the background, at the point where the Maliesingel and the Tolsteegsingel meet. The Hieronymushuis was built in the last century in the Abstede district outside the city's outer canal, as a Roman Catholic orphanage. When the number of orphans dropped in the first half of this century, the building was converted into an Old People's Home.

■ Schaatsplezier op de Maliesingel met op de achtergrond het Hieronymushuis aan de Minstroom op de grens van Maliesingel en Tolsteegsingel. Het Hieronymushuis is in de vorige eeuw gebouwd in de wijk Abstede buiten de stadsbuitengracht als rooms-katholiek weeshuis. Bij gebrek aan wezen is het in de eerste helft van deze eeuw 'omgebouwd' tot bejaardencentrum.

at the Lucas Bolwerk on the edge of the canal-moat. It has recently emerged from a complete overhaul, having been endowed with all the latest theatre equipment and technology. The wooden playhouse at the Vredenburg was pulled down during the Second World War.

The Gebouw voor Kunsten en Wetenschappen (Arts and Sciences Building), built on the spot where the choir of the Mariakerk once stood, was officially opened in 1847. The walls were plastered, in keeping with the fashion of the time. Expense blocked earlier plans to use natural stone, but in order to give the building a more impressive exterior, grooves were worked into the plaster layer giving the effect of natural stone. It was the country's first real concert hall. It was lit by 133 gas lights and like its predecessor, the Mariakerk, the acoustics were excellent. The great composer, Brahms, appeared here as conductor on three occasions, and he was so impressed that he is said to have commented once in Amsterdam that: 'I come to Amsterdam for good food. To make music, I will in future go only to Utrecht.'

Professor Th.G. van Lidth de Jeude owned a plot of land in Utrecht, just outside the city canal, and encircled by the Wittevrouwensingel (White Women Canal), Kruisstraat (cross), Kruisdwarsstraat (transverse), Mulderstraat (miller) and Nachtegaalstraat (nightingale), and he wanted to use it for a zoo, but the city council refused to co-finance the project. The land had to be auctioned and in 1828 it became a public park with a coffee house, called 'Tivoli'. The entrance to the park was on the corner of the Wittevrouwensingel and the Nachtegaalstraat, and it was used from time to time for festivals, fairs and concerts. In fact, a concert hall, also called 'Tivoli', was built on the northern side of the park and opened for performances on 2 October 1871. Around 1900, the Utrechts Stedelijk (city) Orkest (orchestra) gave regular Wednesday evening concerts there, and open air concerts were a standard feature in the summer months. Waiters balancing their trays tip-toed among the listening public. After 1920, the park was no longer financially viable, and it was decided in 1929 to build the Van Lidth de Jeudestraat right across the park, with houses on either side. The concert hall was again completely refurbished and redecorated in 1931, but after the war it fell into such a state of dilapidation that demolition was inevitable and a new concert hall took its place. To bridge the construction period, a temporary wooden concert hall was erected in the Lepelenburg in 1955, where it would do service for three years. And because it was to stand there for such a short time, four large trees were incorporated into the building proper, their branches reaching out into

schouwburg op het Vredenburg werd in de Tweede Wereldoorlog gesloopt. In 1847 werd op de plaats van het koor van de inmiddels gesloopte Mariakerk het Gebouw voor Kunsten en Wetenschappen in gebruik genomen. Naar de smaak van die tijd waren de muren gepleisterd. Het plan om ze in natuursteen op te trekken, was te duur. Maar om het gebouw meer allure te geven, waren in de pleisterlaag groeven aangebracht zodat het op natuursteen leek. Het was de eerste echte concertzaal in ons land. Hij werd verlicht met 133 gaspitten en had – net als zijn voorganger de Mariakerk – een fraaie akoestiek. De grote componist Johannes Brahms trad er driemaal als dirigent op. Hij was daar zo tevreden over dat hij ooit in Amsterdam moet hebben gezegd: 'Naar Amsterdam kom ik om goed te eten. Musiceren doe ik verder alleen nog in Utrecht.'

Professor Th.G. van Lidth de Jeude bezat in Utrecht een terrein net buiten de stadsgracht dat werd ingesloten door de Wittevrouwensingel, de Kruisstraat, de Kruisdwarsstraat, de Mulderstraat en de Nachtegaalstraat. Hij wilde op dit terrein een dierentuin beginnen, maar de gemeenteraad weigerde subsidie voor dat project. Het terrein moest geveild worden en werd in 1828 een openbare tuin met koffiehuis, 'Tivoli' genaamd. De ingang van het park lag op de hoek van de Wittevrouwensingel en de Nachtegaalstraat. Van tijd tot tijd werden daar feesten, kermissen, maar ook concerten gegeven. Aan de noordzijde van het park werd op 2 oktober 1871 een concertzaal in gebruik genomen die net als het park de naam 'Tivoli' kreeg. Rond 1900 gaf het Utrechts Stedelijk Orkest in Tivoli concerten op de woensdagavond. In de zomer waren er openluchtconcerten. De obers liepen dan met hun dienbladen op hun tenen tussen het luisterend publiek door. Na 1920 bleek de exploitatie van het park niet meer mogelijk en in 1929 werd dwars door de tuin de Van Lidth de Jeudestraat aangelegd, aan beide zijden met huizen bebouwd. Het concertgebouw werd in 1931 nog eens grondig opgeknapt, maar na de oorlog raakte het zó in verval dat men besloot het te slopen en ter plaatse een nieuw concertgebouw neer te zetten. Ter overbrugging van die bouwperiode werd in 1955 voor drie jaar een houten concertgebouw geplaatst op het Lepelenburg. Omdat het maar voor eventjes was, nam men vier grote bomen in het gebouw op. Zij staken met hun toppen boven de concertzaal uit. De discussie over de plaats van een nieuw concertgebouw duurde iets langer dan was voorzien. Bijna 25 jaar later, op 26 januari 1979 werd op het Vredenburg het muziekcentrum Vredenburg geopend door prinses Beatrix die van burgemeester Vonhoff bij die gelegenheid een vioolkist vol bloemen ontving. Op

■ The Polmanshuis on the corner of the Keistraat and Jansdam, has been turned from a church into a restaurant. Long ago, there was also a Polmanshuis in Amsterdam on the Dam, near the entrance to the Warmoesstraat, and which is now the Hotel Krasnapolsky. The owner of the Utrecht establishment named it in honour of his grandfather, and he also won a French architecture prize for successfully converting an existing building and giving it a new purpose.

■ Het Polmanshuis op de hoek van Keistraat en Jansdam is van kerkgebouw omgetoverd tot restaurant. Lang geleden stond er in Amsterdam een Polmanshuis op de Dam bij de ingang van de Warmoesstraat, het tegenwoordige hotel Krasnapolsky. Uit piëteit voor zijn grootvader gaf de eigenaar het Utrechtse lokaal dezelfde naam. Hij won ook een Franse architectuurprijs voor herinrichting van een bestaand gebouw voor een nieuwe bestemming.

■ *On the lawn under the trees in front of Dudok's Schouwburg (theatre hall), the three muses designed by J.C. Hekmann have bathed – in the water in the summer months, and in the evenings in the lamplight too. But this picture of the three Graces is exceptional: frozen rigid by snow and ice. And in the Springtime, the ladies resume their 'Feast of the Muses'.*

■ *Op het grasveld onder de bomen vóór de schouwburg van Dudok baden zich sinds vijftig jaar de drie muzen van J.C. Hekmann: 's zomers in het water, 's avonds bovendien in het lamplicht. Maar onze fotograaf maakte wel een heel bijzondere foto van de drie gratieën: bevroren en verstard in sneeuw en ijs. Als het straks weer lente wordt, zetten de dames het 'feest der muzen' voort.*

■ The closing concert of the 'Theater aan de Werf' (Theatre on the Wharf) festival, draws thousands of spectators. In the background, the Patrician houses which together are now the City Hall. Few houses were given a neo-Classical façade, complete with a tympanum, and they remained empty for a century or more. In 1957 the Utrecht sculptor, Pieter d'Hont, was commissioned to create a group of statues representing Justice, Vigilance, Authority, Policy and Faith.

■ Het slotconcert van het festival 'Theater aan de werf' trekt elk jaar veel bekijks. Op de achtergrond de patriciërshuizen die thans het stadhuis vormen: van links Het Keyserrijck, De Ster, Leeuwensteyn, Nyenborch, De Gulden arent, Groot en Klein Lichtenberg en Hasenborch. Voor de laatste huizen werd een neoklassieke gevel geplaatst compleet met timpaan. Die bleef meer dan een eeuw leeg. Pas in 1957 vervaardigde de Utrechtse beeldhouwer Pieter d'Hont een beeldengroep met de symbolen van gerechtigheid, waakzaamheid, gezag, beleid en geloof.

the sky above the concert hall below. Discussions on where to locate a new concert hall took longer than was envisaged, and almost 25 years later, on 26 January 1979, Queen Beatrix officially opened the Vredenburg Music Centre at the Vredenburg and was presented by the then Mayor Vonhoff, with a violin-case full of flowers. The evening rang out to the sound of the Fourth Symphony of Brahms, the composer who had once expressed his preference for Utrecht as a city in which to make music. The new music centre, designed by the architect Herman Hertzberger, can seat an audience of 1600, none of whom sits more than 25 metres from the podium. A little over five weeks later, on 7 March 1979, fire destroyed the wooden 'Tivoli' theatre and the four trees, so carefully preserved, were also consumed in its flames. It was the most spectacular fire of the century.

With its theatre hall and its Music Centre, Utrecht offers accommodation for all kinds of theatre productions and concerts, not only for its own people but for others from far and wide. The Arts and Sciences building, which was engulfed by fire on the night of 11 March 1988, although not destroyed completely, has fortunately been rebuilt and restored to its former splendour. On 28 February 1991 it was ready for use again, this time by the music department of the Hogeschool voor de Kunsten (Arts Academy), formerly the Utrecht Conservatory.

Anyone who thinks that Utrecht consists exclusively of lovely old buildings, is in for a surprise. We have already discussed Dudok's theatre/concert hall and Hertzberger's Vredenburg Music Centre. A Utrecht building renowned all over the world, is the Schröderhuis built in 1924 by architect Gerrit Rietveld, in the Prins Hendriklaan; another architectural monument also dates from the 1920s, namely the Main Post Office Building at the Neude, to a design by J. Crouwel Jr., the large hall of which has become the most famous part of this imposing building.

Utrecht has many known and lesser known museums too, with the Spoorwegmuseum (Railway Museum) on the site of the old Maliebaan station, being probably the best known of all. It is a very popular, and mildly educational, target for school outings, and has provided bus-loads of visitors with information, interest and amusement throughout the years. It has been expanded regularly in the last few years, and to the joy of the young, many attractions have been added which 'you can touch'. The lesser-known museums are also well worth a visit; the Munt- en Penningskabinet (The Coin and Medal Collection), for instance, in the one-time 's Rijks Munt' (Royal Mint)

die avond weerklonk de vierde symfonie van Brahms, de componist die ooit zijn grote voorkeur voor Utrecht als muziekstad uitsprak. In het door architect Herman Hertzberger ontworpen nieuwe muziekcentrum zijn 1600 zitplaatsen die geen van alle verder dan 25 meter van het podium verwijderd zijn. Ruim vijf weken later, op 7 maart 1979, brandde het houten Tivoli tot de grond toe af, inclusief de vier met zorg bewaarde bomen. Het was de meest spectaculaire brand van de eeuw.

Met de schouwburg en het muziekcentrum biedt Utrecht uitstekende accomodatie voor alle vormen van toneel en muziek, niet alleen voor de inwoners van de stad, maar ook uit de wijde omgeving. Het gebouw voor Kunsten en Wetenschappen, dat in de nacht van 11 op 12 maart 1988 grotendeels uitbrandde, is gelukkig ook weer opgebouwd en in zijn oude luister hersteld. Het is op 28 februari 1991 opnieuw in gebruik genomen door de ernaast gevestigde Hogeschool voor de Kunsten, afdeling muziek, voorheen het Utrechtse Conservatorium.

Wie denkt dat Utrecht uitsluitend bestaat uit mooie *oude* gebouwen moeten we uit de droom helpen. We spraken al over de schouwburg van Dudok en over het muziekcentrum Vredenburg van Hertzberger. Een wereldberoemd bouwwerk in Utrecht is het in 1924 aan de Prins Hendriklaan gebouwde Schröderhuis van architect Gerrit Rietveld. Een ander monument van architectuur is het eveneens in de jaren twintig gebouwde hoofdpostkantoor van de hand van J. Crouwel jr., van welk imposant gebouw vooral de grote hal wordt geroemd.

Utrecht heeft veel bekende en onbekende musea. Het meest bekende is waarschijnlijk het Spoorwegmuseum, gevestigd in en om het vroegere station Maliebaan. Het is doelwit van menig schoolreisje met een licht educatieve toets en heeft busladingen bezoekers informatie en verstrooiing geboden. Het is de laatste jaren regelmatig uitgebreid en tot vreugde van de jeugdige bezoekers zijn er veel dingen bijgekomen waar je 'aan mag zitten'.

Ook de minder bekende musea zijn een bezoek meer dan waard. Zo bijvoorbeeld het Munt- en Penningkabinet in de vroegere 's Rijks Munt die thans de Nederlandse Munt heet. Twaalf eeuwen muntgeschiedenis is daar te bekijken. Of het Fietsenarchief Starley in de Lange Lauwerstraat waar de ontwikkeling van Neerlands populairste vervoermiddel aan uw oog voorbijtrekt. Midden in de stad verscholen op het binnenpleintje van Het Hoogt ligt het Museum voor het kruideniersbedrijf Erven Betje Boerhaave. Wie de lucht van kaneel en gedroogde pruimen wil opsnuiven, kan hier terecht. Zuurtjes uit de

■ The wharf at Bakkerbrug. These cellar wharfs were initially used for all kinds of businesses, and people even lived in them in the last century. In 1866, some 40 000 people lived within the precincts of the canals, more than ever before or since, and life did not always run smoothly between them. Residents were responsible for maintaining, cleaning and keeping the steps open to the wharfs, so that the water could be reached unhindered in the event of fire. This maintenance obligation was the cause of many a heated, and repeated, argument.

■ De werf bij de Bakkerbrug. Aanvankelijk waren in de werfkelders bedrijven gevestigd. In de vorige eeuw gingen er ook mensen in de werfkelders wonen. In 1866 woonden er 40 000 mensen binnen de singels, méér dan er ooit hebben gewoond. Mensen hadden veel overlast van elkaar. Omwonenden moesten de trappen naar de werven onderhouden en vrij houden, want bij brand moest men gemakkelijk beneden bij de gracht kunnen komen om water te tappen. Ook over die onderhoudsplicht was herhaaldelijk ruzie.

■ The wharfs along the Oudegracht and the Nieuwe-
gracht are, in fact, the front
forecourts of the houses above.
They do not extend under the
bridges. Most of the wharf cellars date from the period
1300-1500. Utrecht was then
the most important harbour
and market centre north of the
rivers. Wealthy merchants
could make favourable property investments here, and the
wharf cellars had a real economic function. It is only in the
last 50 years that the wharfs
have become exclusively the
venue for restaurants, such as
here on the Oudegracht.

■ De werven langs de Oudegracht en de Nieuwegracht
vormen in feite het voorerf van
de huizen. Zij zijn niet onder
de bruggen doorgetrokken. De
meeste werfkelders dateren uit
de jaren 1300 tot 1500. Utrecht
was toen de belangrijkste
haven- en marktplaats boven
de rivieren. Rijke kooplieden
konden hier flink investeren in
woningen en de kelders met de
werven hadden duidelijk een
economische functie. Pas in de
laatste vijftig jaar kregen de
werven een uitgesproken hore-
ca-functie zoals hier aan de
Oudegracht.

■ The wharf at the Jansbrug under the Drakenburch. The wharfs came under City Council ownership in 1948. All constructions, which the former owners had erected were removed, and in the early 1960s plans for a wharf boulevard were developed. Lamp-posts designed by Pyke Koch appeared in the streets and the wharf walls were restored. This restoration work was largely completed in 1985, and in order to enable people to walk the length of the wharfs without having to go up or down the steps, a passageway was made under the Jansbrug and the Bakkerbrug.

■ De werf bij de Jansbrug onder Drakenburch. In 1948 werden de werven eigendom van de gemeente. Alle bouwsels die de eigenaren erop hadden gezet werden toen verwijderd. Begin jaren zestig werd het plan voor een werfboulevard ontwikkeld. De lantaarns van Pyke Koch werden geplaatst en de werfmuren werden gerestaureerd. In 1985 was die restauratie grotendeels voltooid. Om een wandeling over de werven te kunnen maken, werden onder de Jans- en de Bakkerbrug doorgangen gemaakt.

and currently known as the Nederlandse Munt (Netherlands Mint). Twelve centuries of numismatic history is on show here. Or perhaps the Fietsenarchief Starley (Starley Bicycle Archives) in the Lange Lauwerstraat, where visitors can follow the entire history of Holland's most popular means of transport. In the centre of the city, hidden in the inner-courtyard known as Het Hoogt, is the Erven Betje Boerhaave Museum (Betje Boerhaave Heirs Museum), an old grocery store-cum-museum which bears the original owner's name. – an ideal place for those who love the aroma of cinnamon and prunes, or acid drops out of the old jars, or an old pair of scales with real weights and a collection of coffee grinders our great-great-grandmothers used to use. And world-renowned is the Nationaal Museum van Speelklok tot Pierement (National Museum 'From Musical Clock to Street Organ') rehoused a few years ago in the old Buurkerk. In the 1980s, plans were drawn up for a Museum Quarter around the Nieuwe Gracht. The facades and gables of the houses along the canals are a museum in themselves, and close to them are the Catharijneconvent, the Centraal Museum, the Spoorwegmuseum and the Nationaal Museum van Speelklok tot Pierement. In 1996, the Universiteitsmuseum will move to the former Botanic Laboratory building in the Lange Nieuwstraat, with the university's old Hortus Botanicus as museum garden. Other museums may also be housed here, and some people are already prepared to compare the Utrecht 'Museumkwartier' with Saint Germain des Prés in Paris. Whatever the case may be, this section of the city centre, if local government plans to find a solution to the traffic problem succeed, will have an aura all its own. Taking full account of its historical value, the old city centre will combine it with a shopping and pedestrian boulevard together with water recreation facilities. Utrecht has a great deal to offer its visitors. Add to all of this its wealth of festivals, to which increasing justice is being done by holding them in the old city centre. There are ten such festivals in Utrecht, including the Netherlands Film Festival, the Blues Route, the Festival aan de Werf (Festival on the Wharf) and the Holland Festival Oude Muziek (Early Music Festival).

And here we have come full circle to people at play. Today's citizens have much more leisure time than their forefathers in earlier centuries, and they use it to re-create, recreationally. In Utrecht that might be a play in the theatre, or a concert in the Vredenburg Music Centre, or a visit to one of the museum treasures. Amateur groups are also creatively active all over the city, in such fields as music, ballet, drama, painting and photography.

stopfles, een oude balans met echte gewichten en een verzameling koffiemolens uit betovergrootmoeders tijd. Heel bekend is verder het Nationaal Museum van Speelklok tot Pierement, gevestigd in de Buurkerk.

In de jaren tachtig is een begin gemaakt met de plannen voor de inrichting van een Museumkwartier rond de Nieuwe Gracht. Zijn de gevels langs deze gracht al een museum op zichzelf, aan of in de buurt van deze gracht liggen het Catharijneconvent, het Centraal Museum, het Spoorwegmuseum en het Nationaal Museum van Speelklok tot Pierement. Het Universiteitsmuseum komt er in 1996 in het voormalige Botanisch Laboratorium aan de Lange Nieuwstraat, met de oude Hortus Botanicus van de universiteit als museumtuin. Andere musea kunnen hier nog een plaats krijgen. Sommigen durven het Utrechtse Museumkwartier al op voorhand te vergelijken met Saint Germain des Prés in Parijs. In elk geval zal dit stuk binnenstad, als overheidsmaatregelen de verkeersoverlast aan banden hebben gelegd, een geweldige allure krijgen. Met oog voor het historisch waardevolle wordt de oude binnenstad gecombineerd met een winkel- en wandelboulevard en met waterrecreatie.

Utrecht heeft zijn bezoekers veel te bieden. Voeg bij alles wat al is opgesomd de vele festivals die Utrecht kent en die in het oude stadscentrum steeds beter tot hun recht komen. Meer dan tien keer per jaar staat in Utrecht zo'n veelomvattend festijn te gebeuren. Om er enkele te noemen: het Nederlands Film Festival, de Blues Route, het Festival aan de Werf en het Holland Festival Oude Muziek.

En daarmee komen we terug bij de spelende mens. De mens die in onze eeuw zoveel meer vrije tijd heeft gekregen dan in vroeger eeuwen. Hij gebruikt die tijd om te recreëren. In Utrecht kan dat een bezoek aan de schouwburg zijn, het bijwonen van een concert in muziekcentrum Vredenburg of het bewonderen van een collectie in één der musea. Maar ook actieve kunstbeoefening is op allerlei plaatsen mogelijk. De stad kent amateurverenigingen op het terrein van muziek, ballet, toneel, schilderen, fotografie en vele andere.

Veel vrije tijd wordt ook in Utrecht besteed aan sport. Velen geven de voorkeur aan individuele prestaties, anderen treden liever op in clubverband, waar naast de sport de gezelligheid een grote rol speelt. Weer anderen beleven sport alleen passief door naar wedstrijden te gaan kijken al of niet als supporter van een club.

Massale sportbeoefening begon in Nederland en dus ook in Utrecht pas ongeveer honderd jaar geleden. Studenten namen daarbij het voortouw. De

■ *A view from the Witte-*
vrouwensingel towards the
Plompetorengracht. The
Oudegracht and the Nieuwe-
gracht break through the ring
of canals at four places in the
city. The Oudegracht begins at
the Tolsteegbrug and flows un-
der the Zandbrug and the
Weerdbrug into the River
Vecht. The Nieuwegracht be-
gins at the Abstedebrug and
flows, via the Kromme
Nieuwegracht, the Drift and
the Plompetorengracht
through this small gateway,
into the Wittevrouwensingel.

■ *Doorkijkje vanaf de Witte-*
vrouwensingel naar de Plom-
petorengracht. Op vier plaat-
sen in de stad breken de Oude-
gracht en de Nieuwegracht
door de singels heen. Het zijn
vier totaal verschillende plek-
ken. De Oudegracht begint bij
de Tolsteegbrug en stroomt bij
de Zandbrug en de Weerdbrug
in de Vecht, de Nieuwegracht
begint bij de Abstederbrug en
stroomt via de Kromme
Nieuwegracht, de Drift en de
Plompetorengracht via dit
'poortje' in de Wittevrouwen-
singel.

■ Rowers on the Kromme Rijn. Utrecht is not only a rail and road junction, it is also a waterway junction. In the south of the old city, the Kromme Rijn and the Vaartsche Rijn flow under the Tolsteegbrug into the city moats and the Oudegracht, whilst in the north the River Vecht flows from the Weerdbrug to Muiden. The Leidsche Rijn leaves the city to the west, and in the east the Minstroom flows gently on its way.

■ Roeiers op de Kromme Rijn. Utrecht is niet alleen een knooppunt van verkeers- en spoorwegen, maar ook van waterwegen. In het zuiden van de oude stad stromen de Kromme Rijn en de Vaartsche Rijn bij de Tolsteegbrug in singels en Oudegracht en in het noorden vanaf de Weerdbrug stroomt de Vecht naar Muiden. Naar het westen stroomt de Leidsche Rijn de stad uit en in het oosten zoekt de Minstroom zijn bescheiden.

The people of Utrecht devote a great deal of their leisure time to sport, some preferring the quest for personal achievement, whilst others derive greater enjoyment and fulfilment from the social context of a club team sport. Others again have a more passive interest in sport and confine their efforts to watching others, sometimes as a fervent supporter and sometimes just for the sheer enjoyment of it.

The practice of sports on a large scale only began in The Netherlands, and Utrecht too, approximately a hundred years ago, with students leading the trend. The first clubs in Utrecht stemmed from those early student clubs. One example is the Hercules club, which was founded by students as a cricket club in 1882 – its elitist image nearly brought its demise in 1889, but survival and a rapid growth in membership, came from its change-over to the football sport. More football clubs followed it. Somewhere to play the game was essential and the clubs themselves were responsible for this, but there was no question in those early days of sport parks or changing rooms. There was no certainty about the playing field either, because its owner was free to use it for another purpose at any time he wished. A famous story in this context concerns the Barnum & Bailey Circus, which had stabled its elephants on the Hercules grounds! The situation improved, however, in the 1930s when the City Council appointed a Physical Education Foundation (the USLO) responsible for an increasing number of sports grounds. Apart from the establishment of the USLO, the 'Depression' of the 1920s was itself a contributor to sport becoming more and more important to the city of Utrecht and its people; it was the unemployed of the time who, as part of official relief work programmes, constructed the Galgewaard stadium, which was officially opened on 21 May 1936. In addition to outdoor gymnastics, handball, football and athletics, cycle races were held on the concrete track which the stadium had to its credit. Spectator sports had thus been introduced in conjunction with amateur sports of various kinds, followed in the post-World War II years by professional sport. Utrecht's football club (FC Utrecht) for professionals was founded in 1954.

Football is not everything. Typical of Utrecht was the five kilometre 'Canal Run', which started and ended at the Paardenveld (Horse Field). It was a real canal run because at the time the canals were a close-linked whole, thereby providing a continuous, unbroken, route. Wrestling was also very popular in Utrecht, pushed somewhat to the background perhaps in the 1960s, when Holland's Anton Geesink (statue on the Weerdsingel W.Z.) won a Judo Gold Medal at the Tokyo Olympics against the Japanese Akio Kaminaga.

eerste verenigingen in Utrecht komen ook voort uit studentenclubs. Een voorbeeld daarvan is Hercules, in 1882 als cricketvereniging door studenten opgericht, als elitaire club bijna ter ziele gegaan en daarom in 1889 overgeschakeld op voetbal, met een forse ledengroei als gevolg. Kort daarna kwamen er meer voetbalverenigingen, als UVV (Utrechtse Voetbal Vereniging), DOS (Door Oefening Sterk), Velox, Kampong en Voorwaarts. De vereniging zorgde voor de hoogstnoodzakelijke accommodatie, maar er was nog geen sprake van sportparken of verkleedgelegenheden. Zelfs van een veld was men niet zeker, want de eigenaar kon er elk moment een andere bestemming aan geven. Beroemd is het verhaal van het circus Barnum & Bailey, dat zijn olifanten op het terrein van Hercules had gestald! Pas in de jaren dertig werd het wat beter. De gemeente had de Utrechtsche Stichting voor Lichamelijke Oefening (USLO) ingesteld die steeds meer sportaccommodaties in beheer nam. Behalve de oprichting van de USLO was ook de crisis van de jaren dertig belangrijk voor de sportbeoefening in Utrecht: werklozen legden in het kader van de werkverschaffing het stadion Galgewaard aan. Op 21 mei 1936 werd het stadion met een gevarieerd sportprogramma geopend. Behalve turnen, handbal, voetbal en atletiek op het gras, was er ook een wielerwedstrijd op de betonnen baan die het stadion rijk was. De kijksport had zijn intrede gedaan naast de actieve amateursportbeoefening. Na de Tweede Wereldoorlog kwam daar ook nog de beroepssport bij. In 1954 werd de profvoetbalclub Utrecht opgericht, de voorloper van de latere FC Utrecht die ontstond uit een fusie van DOS, Elinkwijk en Velox. Het is niet alles voetbal wat de klok slaat. Typisch voor Utrecht was de vijf kilometer singelloop met start en finish op het Paardenveld. Omdat de singels toen nog een aansluitend geheel vormden, was het écht een singelloop. Grote belangstelling had in Utrecht altijd het worstelen, misschien in de jaren zestig wat verdrongen door het Judo, dankzij het grote voorbeeld van Anton Geesink, die op de Olympische Spelen van Tokio in 1964 de gouden medaille won in gevecht met de Japanner Akio Kaminaga. Er staat nog een borstbeeld van Anton op de Weerdsingel W.Z.